L'oiseau rare

Catalogage avant publication de Bibliothèque et Archives nationales du Québec et Bibliothèque et Archives Canada

Titre : L'oiseau rare / Yanick Villedieu.
Noms : Villedieu, Yanick, 1947- auteur.
Identifiants : Canadiana (livre imprimé) 20200097431 | Canadiana (livre numérique) 2020009744X | ISBN 9782897731649 | ISBN 9782897731656 (PDF) Classification : LCC PS8643.I435 O37 2021 | CDD jC843/.6—dc23

Les Éditions MultiMondes bénéficient du soutien financier du gouvernement du Québec par l'entremise du programme de crédit d'impôt pour l'édition de livres et de la Société de développement des entreprises culturelles du Québec (SODEC). L'éditeur remercie également le Conseil des arts du Canada de l'aide accordée à son programme de publication.

Financé par le gouvernement du Canada | Canada

Édition : Raymond Lemieux
Révision : Christine Ouin
Correction d'épreuves : Élaine Parisien, Christine Ouin
Conception typographique et montage : Nathalie Tassé
Illustrations : Sabrina Gendron
Conception graphique de la couverture : René St-Amand
Photographie de l'auteur : Julie Artacho

ISBN version imprimée : 978-2-89773-164-9
ISBN version numérique (PDF) : 978-2-89773-165-6

Dépôt légal : 2e trimestre 2021
Bibliothèque et Archives nationales du Québec
Bibliothèque et Archives Canada

Diffusion/distribution au Canada :
Distribution HMH
1815, avenue De Lorimier
Montréal (Québec) H2K 3W6
www.distributionhmh.com

Diffusion/distribution en Europe :
Librairie du Québec/DNM
30, rue Gay-Lussac
75005 Paris, FRANCE
www.librairieduquebec.fr

Imprimé au Canada
www.editionsmultimondes.com

Yanick Villedieu

L'oiseau rare

Illustré par
Sabrina Gendron

ÉDITIONS
MULTIMONDES

- 1 -

Deux oiseaux s'aimaient d'amour tendre. Ils n'étaient ni pigeons ni tourterelles, mais ils roucoulaient si bien ensemble qu'ils n'en fermaient plus l'œil de la nuit. Ils étaient si heureux, bec contre bec, ils étaient si doux, plumes contre plumes, qu'ils décidèrent de faire nid commun – comme si l'on décidait quoi que ce soit quand le cœur bat la chamade.

Déjà, le printemps avançait, avec ses lumières chaudes et ses vents tièdes. Il fallait aller vite. Trouver l'arbre idéal. Choisir la meilleure branche. Et se mettre en hâte au travail. Brindilles, fétus de paille, bouts de laine de toutes les couleurs, plumes abandonnées par leurs propriétaires, crin de cheval quand d'aventure passait un cavalier, fils d'araignée doux comme soie, deux grains de boue dans la rosée du matin, trois brins d'herbe sèche dans la chaleur de midi, du duvet d'oie dans la lenteur du soir : tout était bon pour bâtir maison.

Tout... ou presque. Quand l'oiseau, tout fier, apporta une fleur de pissenlit, son amoureuse éclata d'un grand rire sonore : « Tu ne vois pas plus loin que le bout de ton bec, le taquina-t-elle, ta fleur sera fanée bien avant que... bien avant qu'ils... »

Elle ne termina pas sa phrase : la seule idée qu'il y aurait bientôt petits en la demeure la rendait muette de joie.

L'entreprise dura près de deux semaines. Du matin à la fin de la journée, nos deux tourtereaux s'affairaient à chercher, rapporter, poser, croiser, entrelacer, coudre, tisser, assembler, ajuster les milliers de morceaux de leur casse-tête. La plupart du temps, ils en oubliaient même le boire et le manger.

Quand le soir venait, l'oiseau se perchait sur la plus haute branche. Pour pousser la romance à son oiselle, prétendait-il. Mais aussi, et beaucoup, pour embrasser du regard

l'avancement du chantier. Comme il se doit, elle faisait mine de ne pas s'apercevoir que son bon ami se plaisait surtout dans ses habits de bricoleur du dimanche qui construirait un gratte-ciel. Elle préférait ne voir en lui que le charmeur et écouter les chapelets de notes qu'il lui susurrait. Quand on est oiseau, qu'on soit un moineau domestique ou un pic flamboyant (ce qu'ils n'étaient pas non plus), on aime chanter et écouter chanter.

Bientôt, l'ouvrage fut terminé. De ces morceaux de rien, ils avaient fait un tout, un refuge douillet, solide, coquet, bien à l'abri dans le feuillage. Un cocon. Prêt à temps pour que l'oiselle ponde en toute quiétude.

De loin, le Professeur les avait regardés comme s'ils étaient à tricoter le premier nid du monde. « De vrais oiseaux de bonheur ! » se disait le vieux monsieur en se rappelant, sans doute, le temps lointain de sa jeunesse.

- 2 -

Toc, toc... Toc, toc... Toc, toc, toc... Crrruittt...

Il était précisément 11 h 11, le 11 mai, quand on entendit dans le lilas ce qu'on attendait tant: le bruit de la coquille qui se casse.

Le Professeur cligna des yeux avec un bon sourire. Il écarta tout doucement le feuillage odorant. « C'est un miracle! » souffla Ana, debout sur la brouette rouge, perchée sur la pointe de ses espadrilles. Elle avait tout juste neuf ans, des cheveux noirs coupés court, une robe bleue à grandes fleurs vertes et elle croyait encore que les oiseaux naissent dans les choux ou dans les roses selon qu'ils sont garçons ou filles. Or, preuve en est, ils naissent parfois dans les lilas.

Toc, toc... Crrruittt... Encore le bruit, puis la merveille de la coquille qui s'ouvre... Sous le regard hypnotisé d'Ana, l'oiseau sortit de son œuf, nu comme les vers qu'on allait bientôt lui mettre tout cuits dans le bec. Yeux démesurés et pourtant fermés, bec grand ouvert, à peine capable de remuer ce qui lui servirait un jour d'ailes, il n'en avait pas moins l'air triomphal d'un gamin à qui l'on doit déjà tout. Et il n'était même pas encore sec qu'il réclamait à grands cris une pitance qu'il aurait tout aussi bien obtenue en la demandant poliment.

Les parents sont ce qu'ils sont : sourds quand ils regardent leurs enfants, aveugles quand ils les écoutent et, toujours, admirateurs inconditionnels de leurs moindres faits et de leurs gestes les plus insignifiants. À peine sorti de l'œuf, notre oisillon menait déjà les siens à la baguette. Finis les jours paisibles où ils couvaient à deux leur unique coco. Finis les furtifs instants de bonheur où ils se levaient du nid pour s'émerveiller devant la couleur bleu vif dudit coco. Le temps était venu de nourrir l'insatiable glouton. Mais

peu importait sa tyrannie : quand il ouvrait son large bec, sa mère ne se sentait plus de joie et repartait inlassablement à la chasse aux gourmandises.

Quant au père, fier comme un paon depuis la première heure, il couvait son bébé du regard en lui sifflant sa première chanson :

Petit oiseau deviendra grand
Un beau matin quittera le nid
Petit oiseau deviendra grand
Pourvu que chats lui prêtent vie

Heureusement, Jaune avait beau être pourvu d'un nombre impressionnant de griffes et de dents, il n'en voulait pas plus à l'oisillon qu'à ses parents. De son métier de chat, ce qu'il préférait, et de loin, c'était se rouler en boule sur son coussin pour y ronronner avec application. Car dormir était son fort. Et il était loin d'avoir gardé un faible pour la chasse. De temps à autre, il jetait bien un regard paresseux sur le trafic incessant des deux oiseaux qui apportaient la nourriture à leur petit. Mais de là à se lever, à s'approcher d'eux à pas de loup alors qu'il était félin, à ramper pendant des heures dans l'herbe haute et à bondir comme un tigre pour en attraper un, il y avait un monde!

Jaune n'avait en fait aucun désir de chair fraîche, si tendre fût-elle. À vrai dire, il ne se souvenait même plus du goût du dernier volatile qu'il avait croqué vivant. Il souffrait, disait-on, d'un début d'alzheimer.

- 3 -

Les jours passaient. Ana ne se lassait pas de voir grandir son chouchou. Il y avait les soirs, pour dire bonsoir à l'oiseau. Et les matins, pour lui dire bonjour et lui donner en cachette des tartines, les céréales de son petit-déjeuner, des grains de riz, des noix hachées et, le dimanche, des noisettes de beurre d'arachide et des copeaux de sucre d'érable.

Dix fois, cent fois, elle posait et reposait les mêmes questions au bon Professeur.

« Dis, pourquoi il est né tout nu, mon petit oiseau ?

— Parce que s'il avait eu ses plumes quand il était dans l'œuf, elles se seraient toutes chiffonnées…

— Dis, pourquoi il mange toujours ?

— Parce qu'il n'a pas un appétit d'oiseau… surtout, parce qu'il ne veut pas arrêter de grandir…

— Dis, pourquoi il ne veut pas arrêter de grandir ?

— Parce qu'il veut que les plumes lui poussent pour qu'il puisse un jour voler aussi haut que les grands…

— Dis, comment il apprendra à voler ?

— En remettant cent fois sur le métier son plumage… »

Ana se tut un moment, comme pour réfléchir à la curieuse réponse du Professeur. Mais elle avait l'habitude de ces sentences sibyllines et ne cherchait pas trop à les comprendre, jugeant que, après tout, les phrases compliquées sont une affaire à laisser aux adultes. Une autre question commençait à la turlupiner, qu'elle posa un jour après de longues minutes de silence : « Dis, mon oiseau, est-ce qu'il s'envolera pour toujours quand il saura voler ? »

Le Professeur prit bien son temps avant de répondre.

« Ça dépendra de toi… et sans doute aussi de moi, finit-il par répondre. Ça dépendra de nous, si nous savons lui dire que nous l'aimons et que nous avons besoin de lui, par exemple. Mais des fois, aimer quelqu'un, c'est le laisser partir s'il a envie de partir, s'il rêve de voir d'autres arbres et s'il s'est mis en tête d'aller voler dans d'autres cieux…

— Dis, est-ce qu'il aura envie de ça, mon oiseau ?

— J'espère que non pour toi… Mais si tu répètes sans cesse qu'il est *ton* oiseau, peut-être qu'il se sentira un peu… un peu prisonnier et que ça lui donnera encore plus le goût d'aller voler ailleurs. »

Ana regardait le Professeur avec de grands yeux tristes. Elle avait une grosse boule de peine dans la gorge, mais elle faisait tout pour ne pas le montrer.

Le Professeur chercha à la rassurer.

« De toutes façons, si nous l'aimons vraiment, l'oiseau, je suis sûr que nous serons heureux qu'il ait envie de partir un jour.

— Et de revenir, tout de même !

— Et de revenir, bien sûr. »

Les journées s'écoulaient ainsi, paisibles comme un fleuve quand il est long et paisible. Jaune dormait à cœur de jour et il n'était guère plus actif la nuit. La maman oiseau passait sa vie à nourrir l'oisillon, et le papa à l'admirer. L'oisillon commençait à être à l'étroit dans son nid. Il grandissait à vue d'œil. Comme tous les oiseaux de son âge, il était de moins en moins nu. Et Ana trouvait sans cesse d'autres questions à poser au Professeur.

« Dis, pourquoi ?... Dis, quand ?... Dis, qui ?... Dis... Dis...

— Parce que... Parce que... »

Dans toutes les histoires, les professeurs trouvent toujours les réponses aux questions des enfants curieux. En tout cas, ils trouvent toujours *quelque chose* à leur répondre. Ou presque toujours. Car il arrive que les enfants posent des questions auxquelles personne n'avait jamais pensé sur la Terre entière.

Comme Ana, le jour où elle demanda à son vieil ami : « Dis, pourquoi il n'a pas de vraies plumes, *mon* oiseau ? »

- 4 -

Le Professeur était absorbé dans la lecture d'un de ces gros livres où il semblait toujours avoir quelque chose à apprendre, comme un savant qui, au fond, ne sait pas encore vraiment tout sur tout. Il n'avait pas entendu la question d'Ana.

« Dis, monsieur le savant, pourquoi mon oiseau n'a-t-il pas de vraies plumes ? » répéta-t-elle en prenant un petit ton agacé et en insistant bien sur le « monsieur le savant », les poings vissés sur les hanches.

Le Professeur leva la tête, ôta ses lunettes cerclées d'or et feignit d'être lui aussi agacé.

« Tu me déranges, Ana, répliqua-t-il sur un ton bourru. Tu vois bien que je suis en train de travailler sur le mystère des étoiles naines dans les galaxies géantes. Figure-toi que personne n'a encore compris comment elles s'y prennent pour ne pas se faire dévorer par les autres étoiles, les plus grosses, les gloutonnes. C'est vraiment un très grand mystère...

— Et moi, il n'est pas important, *mon* mystère ? Des étoiles et des galaxies, il y en a plein le ciel, mais mon oiseau, il n'y en a qu'un dans l'Univers. Et je me demande seulement : pourquoi il n'a pas de plumes ? »

Pas moyen d'éluder la question en replongeant le nez dans le livre d'astronomie. Ana avait posé une question, une question directe, et le Professeur ne pouvait pas faire semblant de ne pas l'avoir comprise. Comme souvent, il dut improviser une réponse.

« Ton oiseau, il n'a pas de plumes parce que... parce que... parce que c'est un... Tiens, il n'a pas de plumes parce que c'est un... un oiseau à feuilles ! lança-t-il pour taquiner la petite.

— Eh bien, c'est justement ce que je voulais dire ! enchaîna Ana du tac au tac. Mon mystère à moi, c'est pourquoi mon oiseau n'a pas de plumes, comme tous les oiseaux, et pourquoi il a plutôt des feuilles ? »

Le Professeur accusa le coup. Il referma tranquillement son gros livre d'astronomie après y avoir placé son marque-page. Il regarda longuement la petite fille dans les yeux.

« Des... feuilles ? Mais qu'est-ce que tu me racontes ? Où es-tu allée pêcher cette histoire sans queue ni bec ?

— D'abord, monsieur le savant, si tu veux dire que je l'ai pêchée dans la rivière, mon histoire d'oiseaux, tu apprendras que dans les rivières, on pêche des histoires de poissons... Et ce que je te raconte, si tu veux bien descendre de tes galaxies géantes pendant deux petites minutes, c'est que mon oiseau a des feuilles, pas des plumes. »

La petite fille ne savait pas quoi ajouter pour convaincre le vieux monsieur qui la regardait d'un air toujours aussi incrédule. Il ne lui restait plus qu'une solution, prendre à témoin son complice à quatre pattes : « Il a des feuilles, mon oiseau, je te le jure... Pas vrai, Jaune, qu'il a des feuilles ? »

Pour une fois, le chat ne semblait pas trop endormi. Il avait même suivi la conversation avec un certain intérêt, sans toutefois chercher à s'en mêler. Il rentrait tout juste d'une promenade avec Ana et cette histoire bizarre d'oiseau à feuilles lui rappelait vaguement quelque chose, mais sans plus.

Ana insistait. Elle tirait le Professeur par la manche. « C'est vrai, ce que je te dis. Viens voir. Viens. »

Les enfants font semblant de nous croire quand on s'amuse à les faire marcher. Si l'on joue à « Loup, y es-tu ? », ils tremblent de tous leurs os quand le faux loup répond qu'il met ses chaussettes, puis qu'il met sa culotte, puis qu'il met ses lunettes, puis qu'il met son manteau, puis qu'il met son chapeau ; et ils meurent de peur (et un peu de rire, quand même...) quand, enfin habillée, la méchante bête bondit en rugissant : « Et j'accours pour te manger ! » Persuadé qu'elle le faisait marcher, le Professeur fit semblant de croire Ana et la suivit au jardin.

Et les voici, Ana, le Professeur et Jaune, qui s'approchent avec mille précautions du lilas de l'oiseau. Au dernier moment, le chat les dépasse pour se percher sur un arbre voisin, histoire d'avoir une bonne vue sur le nid

– allez demander à un chat, même vieux, de ne pas grimper dans les arbres quand il est question d'oiseaux. Il a l'air aussi surpris qu'une demi-heure plus tôt, quand il était venu seul avec Ana et qu'il s'était perché sur la même branche pour regarder le même oiseau dans le même nid.

Manifestement, Jaune ne se souvenait de rien. Mais rien qu'à voir la tête du chat et son air étonné, le Professeur comprit qu'Ana ne lui avait pas raconté un mensonge!

- 5 -

Il convient ici de mettre les points sur les deux *i* d'histoire et sur celui de vraie. Car cette histoire est vraie. La preuve, c'est qu'elle avait commencé, comme il a déjà été précisé, le 11 mai à 11 h 11.

Reprenons. Il y avait donc deux oiseaux qui s'aimaient d'amour et qui se roucoulaient des mots doux, mais qui n'étaient ni pigeons, ni tourterelles, ni moineaux, ni pics. En fait, ils étaient merles – merles d'Amérique pour être précis – et ils s'appelaient, tout simplement, Madame et Monsieur Merle. Il y avait aussi une fillette de neuf ans qui n'avait pas la langue dans sa poche et qui s'appelait Ana. Un vieux chat qui n'avait plus vraiment sa tête et qui s'appelait Jaune. Et un bon professeur, le Professeur, qui savait presque tout parce qu'il avait lu presque tous les livres.

Et ce n'est pas fini. Il y avait maintenant sous leurs yeux, en plus du couple Merle, un oiseau à feuilles ! Un vrai de vrai ! Avec des feuilles vert foncé sur la tête, les ailes et le dos. Des feuilles vert tendre sur les flancs et sur ce qu'on devinait de son ventre. Et des feuilles vert moyen tachetées de points rougeâtres sur la gorge. De plus, quatre feuilles lobées, luisantes, dans des teintes de brique, formaient éventail et dépassaient du nid, comme le fait toujours la queue d'un oiseau quand il est au nid.

Le Professeur avait beau fouiller dans ses souvenirs, il n'arrivait pas à se faire un début d'idée sur l'identité de ce drôle d'oiseau qui piaillait devant lui avec conviction. Il n'avait jamais rien vu de semblable, ni dans le *Grand guide illustré des oiseaux des cinq continents,* pourtant la référence en ornithologie savante, ni dans le très complet *World Number One Field Guide to Sparrows.* Rien non plus, qu'il sache, dans la fameuse *Encyclopedia aviaria mondialis* en trente-neuf volumes grand format. Ni dans le tout récent *Deuxième atlas des oiseaux nicheurs du Québec méridional.*

Et même rien, ce qui n'est pas peu dire, dans les livres que les poètes aux mots d'azur écrivent parfois sur les oiseaux et sur la lumière qu'ils procurent à l'âme, l'indicible « lumière des oiseaux » – ce qui prouve que les poètes, même ceux qui aiment follement les oiseaux, ne savent pas toujours tout, eux non plus.

En cachant bien son étonnement, le Professeur se tourna vers les parents et leur posa la plus convenue des questions : « Et il s'appelle comment, votre petit ? »

Comme tous les parents, et bien avant d'avoir fini de couver leur œuf, les Merle avaient passé des heures à choisir un prénom pour leur progéniture.

« Si c'est une fille, avait-elle d'abord proposé, nous l'appellerons Chloé.

— Et si c'est un garçon, avait-il enchaîné, ce sera Jonathan.

— Mais non, pas Jonathan, c'est un prénom de goéland…

— Alors, ce sera Léo, un prénom d'artiste. Ou Marcello, un prénom de cinéma.

— Et pour une fille, ce sera Léa, Olivia ou Carla. Il y a aussi Caroline et Julie, Anaïs et Anouk, Évelyne et Maïna, Darédjane et Karine, Laurence et Mathilde… alouette!»

Toc, toc, toc… Crrruittt… Le petit avait fini par sortir de sa coquille. C'était une petite. Les Merle l'avaient spontanément appelée Mélodie.

«Mélodie, c'est plutôt joli pour un merle, convint le professeur. Et elle a déjà deux semaines?

— Deux semaines et trois jours», le corrigea Madame Merle.

Après le prénom et l'âge, après les «comment va la maman?» et les «bébé fait-elle déjà ses nuits?» après les «c'est son père tout craché» et les «mais elle a bien quelque chose de sa mère», après les habituels patati et les inévitables patata, il fallait bien en venir à la question qui trottait dans toutes les têtes, même dans celle de Jaune.

«Dis, Madame Merle, pourquoi elle a des feuilles, Mélodie?, demanda tout à coup Ana.

— C'est pour être plus belle que tous les autres oiseaux», répondit la maman sans l'ombre d'une hésitation.

Et c'est vrai qu'elle était belle, la petite Mélodie Merle, avec ses yeux ronds comme des billes, ses sourcils blancs bien dessinés et son feuillage qui brillait plus qu'un sou neuf au soleil. Belle, et déjà persuadée d'être le centre du monde (cela arrive parfois aux enfants, mais il ne faut surtout pas le faire remarquer à leurs parents).

D'un air éveillé, presque insolent, elle regarda tour à tour son père, le Professeur, sa mère, Ana et le chat Jaune, qui ne l'impressionnait pas le moindrement. Puis elle leur siffla, comme ça, tout simplement, sa première chansonnette.

C'était charmant, c'est indéniable. Mais encore d'une novice et, disons-le tout net, un rien maladroit. Pourtant, quatre mains bienveillantes applaudirent. Jaune, qui ne se souvenait pas d'avoir entendu quelque chose d'aussi beau, émit un ronronnement de plaisir. Et Madame Merle eut du mal à retenir quelques larmes de félicité. Monsieur Merle, lui, se gonfla la plume et étendit l'aile sur cette fille qui était, rappela-t-il, « tout le portrait de son père ».

« Elle a tout juste deux semaines et trois jours, notre Mélodie, mais franchement, elle est très en avance sur son âge. »

- 6 -

Les premiers curieux ne tardèrent pas. D'abord, ce fut une hirondelle, au vol rapide et bas comme lorsque s'annonce un orage de fin d'après-midi, et elle appela aussitôt quelques-unes de ses amies. Puis passa une volée de chardonnerets, mâles jaune et noir, gras comme des voleurs à force de se gaver aux mangeoires, et femelles presque olive, minces, virevoltantes, chamailleuses.

Le lendemain, ce fut un carouge à épaulettes qui s'approcha en roulant les mécaniques et en piaillant aigu. Puis un couple de tourterelles tristes, toujours timides et polies. Et un pinson qui, lui, aurait dû être gai mais qui ne l'était pas, pas plus qu'il n'était triste, d'ailleurs. Un poète l'a déjà fait remarquer : les pinsons sont gais quand ils sont gais et tristes quand ils sont tristes – ce à quoi il conviendrait d'ajouter qu'ils ne sont parfois ni l'un ni l'autre. Et qu'on les appelle aujourd'hui des bruants.

Comme tous les visiteurs, et ils commençaient à être nombreux, le bruant familier était tout simplement perplexe. Jamais il n'avait vu une telle bête dans un nid (il disait « bête » car le mot « oiseau » lui venait difficilement). La chose était d'autant plus surprenante que les deux adultes de ce nid-là étaient des merles à mille autres pareils, tant pour le plumage que pour le ramage.

Le bruant avait d'abord cru à un déguisement, ce qui lui parut incongru à ce moment de l'année où les chauves-souris et les sorcières sont en congé d'Halloween. Il avait ensuite pensé à un camouflage. Après tout, on voit parfois des gaillards de six pieds et quelques pouces se promener avec un fusil dans les mains et du feuillage sur le casque. Il s'était vite ravisé : ce que font les humains quand ils partent à la guerre, jamais les oiseaux ne le feraient, ils ont bien trop de cervelle pour ça.

Il s'était alors dit qu'il avait mal vu parce qu'il ne s'était pas assez approché. Il dut aussi écarter cette explication quand il observa l'oisillon avec ses jumelles, des Bushnell Legend 8 x 42 : la « chose » avait bel et bien des feuilles sur le corps et pas l'ombre d'une plume !

Il ne fallut pas deux jours de plus pour que l'incroyable nouvelle se répandît aux quatre coins du pays. Du point du jour jusque tard à la brunante, des dizaines d'oiseaux de toutes plumes passaient voir celle qui n'en avait pas et qui n'en aurait probablement jamais.

« Mais comment font-ils tous pour savoir que Mélodie existe ? », s'étonna Ana. Le Professeur la regarda avec son bon sourire et lui raconta l'histoire de la Radio des Oiseaux.

« Nous, nous ne l'entendons pas, la Radio des Oiseaux, mais eux, oui, dit le vieil homme. RDO, comme ils l'appellent, joue très tôt le matin quand il fait beau. Elle ne joue jamais le midi. Et elle recommence presque toujours en fin d'après-midi. Au printemps, elle joue aussi le soir et même une partie de la nuit.

— Et c'est RDO qui donne les nouvelles à tous les oiseaux ?

— Oui. Et elle leur joue aussi beaucoup de belle musique, mais de la musique très particulière… Comment t'expliquer ? De la musique silencieuse, en tout cas pour nos oreilles. C'est comme de vraies photos qu'eux verraient, mais qui seraient invisibles pour nous. »

Bien des oiseaux passaient. Certains, cependant, se montraient sceptiques et ne daignaient même pas se déplacer. Les goglus, sens dessus dessous avec leurs dos beiges et leurs ventres noirs, continuaient à se conter fleurette dans les prés. Quant à la vieille chouette du clocher, elle s'était renfrognée un peu plus dans ses épaules quand elle avait eu vent de cette affaire « à dormir la nuit », comme elle avait dit. Il y a bien longtemps, alors qu'elle était encore une petite nyctale naïve, on lui avait raconté qu'une poule avait eu une dent, dans une ferme du 4e rang ; elle l'avait cru ; elle y était allée à toute allure ; on s'était bien moqué d'elle quand elle était arrivée, tout essoufflée, pour la voir. « Vous ne m'aurez pas une autre fois », avait-elle grommelé quand un pigeon lui avait apporté la nouvelle de l'oiseau à feuilles.

Mais qu'importe les sceptiques : RDO diffusait en boucle l'histoire de l'oiseau à feuilles, et de plus en plus de visiteurs affluaient – ce qui plaisait de moins en moins aux Merle. Leur soudaine célébrité, qui les avait d'abord amusés, commençait à leur peser.

Lorsqu'ils se promènent en groupe avec des appareils photo pendus à leur cou ou avec des tablettes à la main, les curieux ne sont pas les êtres les plus délicats au monde. Et que je te fais cent fois les mêmes remarques

insipides : « Il est quand même beau avec ses petits reflets verts ». Et que je te repose mille fois les mêmes questions sans bon sens : « Vous l'avez vraiment voulu comme ça, votre petit ? » Et que je m'immisce sans la moindre gêne dans la bulle des autres : « Ne vous dérangez pas, je fais seulement un égoportrait, un *selfie* si vous préférez. » Ou encore, pour les moins jeunes : « Tenez, vous n'avez qu'à appuyer sur le bouton quand je serai installé à côté de lui, le flash est déjà réglé.

— À côté *d'elle,* rectifiait Monsieur Merle.

— C'est vrai, je me disais aussi qu'il était bien coquet, votre petit…

— Ma *petite,* vous voulez dire. »

Les Merle passaient ainsi de longues heures à répondre aux badauds, et bientôt à essayer de les écarter poliment de leur coin de lilas. Célèbres ou pas, ils avaient fort à faire pour élever leur bout d'chou. Vedette ou pas, Mélodie avait sans cesse le bec grand ouvert – elle commençait d'ailleurs à trouver qu'on a parfois bien faim, même quand on est le centre du monde.

Bien des soucis pour les parents. Sans compter qu'approchait le moment où Mélodie devrait faire son premier vol, ce qui inquiétait de plus en plus Madame Merle. Elle n'osait pas trop s'en ouvrir à son chéri : elle ne fermait plus l'œil de la nuit – et pas comme au début, quand il lui roucoulait dans le cou des mots doux jusqu'au lever du jour. Ce qui la tenait éveillée, c'était maintenant la crainte de ce qui pourrait arriver à Mélodie. « Des plumes, c'est léger comme des plumes et c'est solide comme des voiles, se disait-elle. Mais des feuilles ? S'il se mettait à pleuvoir, les feuilles ne deviendraient-elles pas aussi lourdes que des chiffons mouillés ? Et si l'air devenait plus frais, est-ce que les feuilles pourraient la garder au chaud aussi bien que des plumes ? »

Ce que Madame Merle ignorait, c'est qu'Ana se posait exactement les mêmes questions. Ou plutôt, qu'elle les adressait au Professeur. Qui trouvait des réponses, bien sûr, et des réponses toujours rassurantes. Sans jamais laisser deviner qu'il les inventait de toutes pièces.

Car si l'on n'avait jamais vu un oiseau à feuilles dans un nid, cela va de soi qu'on n'en avait jamais vu non plus dans le ciel.

- 7 -

Depuis tôt ce matin-là, Mélodie Merle était perchée sur le bord de son nid avec la folle envie – et la terreur – de se lancer dans le vide. En haut, un ciel immense, lumineux, sans le moindre nuage, où il devait être enivrant de voler, planer, jouer comme les grands. Mais en bas, le sol, où il devait être douloureux et encore plus humiliant de s'écraser.

Les parents se tenaient tout près en cachant du mieux qu'ils pouvaient leur appréhension. Ils se gardaient bien d'intervenir. D'un côté, ils ne pourraient jamais se pardonner d'avoir trop vite poussé Mélodie à s'envoler et qu'elle se soit brisé les ailes à cause d'eux. D'un autre côté, ils ne voulaient pour rien au monde lui donner à croire que sa différence, son plumage-feuillage, pourrait un jour l'empêcher de voler comme tous les oiseaux.

La petite, elle, ne pensait ni à ses parents ni à ses ailes. Elle voulait seulement, de tout son cœur, quitter le nid. Et le quitter aujourd'hui. Comme les enfants qui ont la frousse dans le noir, elle s'encourageait en se parlant tout bas. « Prête, pas prête, j'y vais... non, pas tout de suite. Prête, pas prête, j'y vais pareil... non, j'ai trop peur. Prête, pas prête... je compte jusqu'à trois et j'y vais, une, deux... deux et demi, deux et trois quarts... »

Mélodie allait enfin faire le grand saut quand Ana surgit comme une tornade, agitée, presque en panique. « Jaune. Vous n'avez pas vu Jaune ? On le cherche partout. Il est sorti hier après-midi. On ne l'a pas vu hier soir. Et il n'est toujours pas revenu. »

Sans quitter des yeux leur progéniture, les Merle répondirent à Ana qu'ils avaient bien vu le chat la veille. Jaune se promenait souvent près du lilas, où il redécouvrait le nid et Mélodie chaque fois avec le même étonnement. Peut-être était-il allé dans la vieille grange, là-bas, c'était souvent ce qu'il faisait après les avoir salués. Mais Ana y était déjà allée, pour se faire dire par les pigeons du lieu qu'ils n'avaient pas vu le vieux matou depuis plusieurs jours, une semaine sans doute.

Était-elle certaine qu'il ne dormait pas caché, tout simplement, au fond d'une garde-robe ? Non, Ana les avait toutes fouillées deux fois plutôt qu'une. Ou dans un coin tranquille du garage ? Ou dans le fenil de la bergerie ? La brebis Toutenlaine, à qui rien n'échappait quand elle avait, comme en ce moment, ses deux agneaux au lait, n'avait rien remarqué non plus.

Alors, pourquoi ne serait-il pas chez ce vieux grognon de Monsieur Léautaud, qui n'avait jamais fermé sa porte à un chat errant et qui en hébergeait toujours deux ou trois douzaines ? Le Professeur lui avait téléphoné et, comme il fallait s'y attendre, Monsieur Léautaud lui avait raccroché la ligne au nez sans ménagement.

En fait, craignant le pire, Ana et le Professeur avaient déjà tout fait, tout imaginé, tout envisagé. Ils avaient parlé aux voisins, visité les fermes alentour, battu pas à pas les bas-côtés de la route et leurs fossés. Et bien sûr appelé Jaune mille et une fois, par son nom et par tous les petits noms affectueux qu'ils lui donnaient depuis tant et tant d'années : mon bon chat, mon gros chat, mon Rominou, mon Rominamour, mon félin féroce, mon gros blond paresseux, mon dormeur total, mon minou vert à pois roses, mon beau minou d'amour et d'eau fraîche... Rien à faire : Jaune ne répondait pas à l'appel.

Monsieur et Madame Merle commençaient eux aussi à s'inquiéter. Ils avaient beau être oiseaux, ils s'étaient pris d'une affection certaine pour ce chat si courtois, et surtout sans appétit pour la gent ailée. Et comme Jaune avait établi et fait respecter son territoire depuis des lustres, pas un seul autre chat ne s'aventurait dans les parages, même si tous savaient que Jaune n'avait plus le redoutable coup de griffe de sa jeunesse. Bref, ce chat-là était une bénédiction pour les oiseaux !

Mais il avait disparu.

Et il fallait le trouver.

On vit alors se produire un événement tout à fait étonnant. Les parents Merle, après avoir fermement ordonné à leur Mélodie de rester au nid, « un point c'est tout », alertèrent les autres oiseaux et leur ordonnèrent de se joindre à eux pour chercher l'ami d'Ana.

« Ça fait trois semaines que vous en pincez pour notre belle petite, leur dirent les Merle. Vous avez passé des heures à la regarder, grands curieux que vous êtes. Vous allez maintenant nous aider à trouver Jaune où qu'il se soit perdu. Après tout, pas besoin d'être des faucons pour avoir une vue perçante.

— Il faut appeler un chat un chat, s'objecta un quiscale bronzé et peureux. On ne sait jamais ce qui peut arriver avec ce genre de bête. Moi, je ne vous suis pas.

— Moi non plus, enchaîna une poule mouillée.

— Voyons, vous n'y pensez pas, plaida Madame Merle, vous savez bien que Jaune ne ferait pas de mal à un oiseau-mouche. »

Une toute petite fauvette de rien, une paruline comme aimait dire le Professeur, une toute petite paruline à gorge orangée emporta la décision. « Je sais bien que n'importe quel chat ferait une bouchée de moi, lança-t-elle, mais pour Jaune, moi, j'y vais... et nous y allons tous ! »

On se partagea les quatre points cardinaux. Les moineaux vers le nord. Les mésanges vers le sud. Du côté est, les gros-becs et les roselins. Du côté ouest, une troupe hétéroclite de pinsons, d'orioles, de pics, de jaseurs. Arbres, bosquets, chemins, cabanes de jardin, champs, enclos, fardoches poussant dans les clôtures de perche, granges désaffectées, on fouilla tout, au moins dix kilomètres à la ronde.

En vain.

Quand on revenait bredouille au quartier général – un geai bleu s'était arrogé le commandement des opérations –, on était renvoyé dans une autre direction, au cas où l'on aurait oublié d'examiner un tas de branches ou de soulever un morceau de bois.

Toujours en vain.

À la fin de la journée, épuisés et découragés, Ana, les oiseaux et le Professeur se réunirent pour faire le bilan de la battue. Aussi loin que Jaune aurait pu se rendre, on avait tout passé au peigne fin. « Sans oublier le moindre recoin », fit remarquer le geai sur un ton sans appel. On avait tout fouillé et rien trouvé. Il fallait se rendre à l'évidence, Jaune restait introuvable. Perdu. Disparu. Peut-être même…

Mais le mot, l'affreux mot, personne n'osait le prononcer. Surtout pas Ana, qui avait le cœur gros comme ça et qui retenait bien les larmes qui lui noyaient les yeux.

« De toutes façons, on recommence demain matin », finit-elle par dire d'une petite voix courageuse.

Pourtant, personne ne bougeait, comme si partir eût été se résigner au pire. Une lourde chape de silence et de peine s'était abattue sur les amis. Ils purent donc très clairement entendre, venant de très loin, un chant joyeux. Le chant d'un oiseau qui s'approchait en virevoltant, allant et venant au-dessus de ce qui devait être un compagnon qu'on ne devinait pas encore.

Mais quand l'oiseau et le compagnon se furent suffisamment rapprochés, on reconnut,

dans la lumière dorée du soir, nulle autre que la petite Mélodie. Profitant de l'agitation générale, elle avait réussi à prendre son envol sans que personne s'en aperçoive. Et la voilà qui montrait tendrement son chemin à un chat qui ne se pensait même pas perdu.

La fête dura jusqu'à la nuit noire. Jaune, qui n'avait manifestement pas compris pourquoi on lui faisait un tel accueil, s'endormit d'un coup dans les bras d'Ana, sans force, heureux. Quant à Mélodie, elle était trop fatiguée et trop émue pour expliquer où et comment elle avait trouvé Jaune – mais a-t-on vraiment besoin d'explications quand c'est le bonheur qui a gagné la partie ?

- 8 -

Le coq n'avait pas chanté trois fois que RDO – la Radio des Oiseaux – avait relaté en long et en large « le double exploit » de Mélodie Merle. D'abord, celui d'avoir effectué son premier vol sans anicroche, « alors que la nature de son "habillement" faisait craindre le pire ». Ensuite, celui d'avoir trouvé toute seule un chat perdu, « ce que personne ne s'expliquait puisqu'une armée de volontaires bien organisée n'avait pu trouver trace de l'animal ».

De telles nouvelles ne pouvaient pas passer inaperçues. Jusque-là, beaucoup doutaient de la possibilité qu'un oiseau aussi bizarrement accoutré puisse un jour voler. Ses parents pouvaient bien trouver leur progéniture « belle comme tout », elle n'en était pas moins « anormale », chuchotaient les commères. D'autres y allaient de remarques à l'emporte-pièce, trouvant la petite Merle « inadaptée » et même, « il faut bien dire le mot, handicapée ».

Une corneille, acariâtre comme le sont souvent les corneilles, y était allée d'une affirmation péremptoire : « Elle ne fera jamais rien de ce qu'un oiseau doit savoir faire, ni voler ni construire un nid, et Dieu nous garde qu'elle ait un jour des petits à son image ! » Si la corneille est acariâtre, elle est aussi bornée : pour elle, chanter ne fait pas et ne fera jamais partie « de ce qu'un oiseau doit savoir faire » – soit dit sans méchanceté, elle en est la preuve vivante et grinçante.

Que la petite vole comme tout un chacun était donc surprenant. Mais que, par-dessus le marché, elle ait trouvé le fameux matou, voilà qui était franchement incroyable. Revenus de leur surprise et remis de la fête de la veille, les oiseaux qui avaient participé à la battue se demandaient comment Jaune avait pu échapper à leurs recherches. Le geai bleu, surtout lui, encaissait difficilement l'affront. Il cherchait à comprendre ce qu'il considérait comme un tour de passe-passe.

Il se demandait comment « cette petite chose à feuilles » avait pu berner tout le monde. Ses parents, qui l'avaient en adoration, l'avaient-ils discrètement aidée ? Ou la petite fille ? Ou le vieux monsieur à lunettes ? Au fait, le chat s'était-il perdu ou s'était-il tout simplement caché ?

Mais qu'importe les questions et les sous-entendus ! La vedette de l'heure était une merlette qui avait nom Mélodie Merle. Tous parlaient d'elle, y compris les grognons. Tous les yeux se tournaient vers elle. Elle était l'étoile montante au firmament des oiseaux. Si elle avait d'abord attiré beaucoup de curieux, c'étaient maintenant des admirateurs et des admiratrices qui se pressaient autour d'elle, qui voulaient la voir de près et qui, pour les moins polis, cherchaient à toucher ce qui lui servait de plumage. Pour ceux qui en étaient à leur première visite, c'était toujours le même étonnement. Un rossignol en eut le sifflet coupé. Un canard, tout droit sorti de son jardin extraordinaire, en cessa de parler anglais et même de remuer son petit derrière.

La seule à ne pas se montrer surprise outre mesure fut la cigogne : elle savait, avec sa longue expérience, que les cigognes apportent parfois des bébés vraiment pas comme les autres, même dans les nids les mieux faits ; mais elle savait aussi que, passée la surprise, ces bébés font toujours le bonheur et la fierté de leurs parents.

Commençaient aussi à arriver certains de ces visiteurs qui ne passent jamais inaperçus. On vit ainsi coup sur coup, ce matin-là, un piranga écarlate et sa compagne en robe vert-jaune – « quel beau couple ! » s'exclama Ana quand le Professeur eut fait les présentations. Puis un splendide cardinal à poitrine rose, impressionnant avec son gros bec, et son cousin, le cardinal rouge. Puis un passerin indigo qui, pressé de tout et de rien, comme d'habitude, ne s'arrêta pas très longtemps.

D'autres visiteurs venaient de loin, parfois de très loin, une paruline du Kentucky, un oriole de Baltimore, une mésange de Caroline, et même un chardonneret d'Europe. Venu lui aussi de loin, un harfang des neiges, plumage soyeux, presque tout blanc, yeux jaunes perçants, vol silencieux, fit une visite elle aussi très remarquée – toujours d'une rare élégance, l'emblématique rapace, c'est bien connu, ne laisse jamais personne indifférent.

Les oiseaux d'eau non plus ne donnaient pas leur place, même s'ils trouvaient désagréable d'avoir les pattes au sec si loin de leurs lacs, de leurs marais et de leurs battures. Passèrent ainsi des bernaches du Canada et deux grandes oies des neiges, qui avaient pour la circonstance rebroussé chemin dans leur migration vers le nord, une bande de fous de Bassan et une maubèche branle-queue qu'on aurait dite atteinte de la forme tremblante du parkinson.

Sorti d'on ne sait quel poème, maladroit une fois posé à terre, un albatros essayait de se faufiler au premier rang en poussant les autres de son bec crochu : « Mes ailes de géant m'empêchent de marcher… Mes ailes de géant m'empêchent de marcher », répétait-il en guise d'excuse. Un grand héron, très chic dans son habit gris-bleu, maniéré, sûr de son effet, arriva d'un coup d'aile recherché ; comme tous ses congénères, il voulait être apprécié pour son vol et détestait l'image qu'un mauvais plaisant lui avait un jour collée, d'être « le héron au long bec emmanché d'un long cou ».

Toujours profondément endormi sur son coussin, Jaune, le pauvre, manquait bien sûr tout des événements. Ana, au contraire, était comme à un feu d'artifice. Elle ne savait plus où donner des yeux et de l'émerveillement. Elle buvait littéralement les paroles du Professeur qui nommait les visiteurs, en français et en latin s'il vous plaît, et qui lui expliquait leurs habitudes, leurs préférences, leurs voyagements, leurs secrets, leurs amours.

Ce fut un fabuleux festival de plumes, de couleurs, de chants, d'ailes, de pattes, de becs – un festival comme il ne s'en produit que dans les livres où l'on raconte des histoires vraies, celle de Mélodie Merle par exemple, née le 11 mai à 11 h 11, oiseau à feuilles de son état. Qui ne se lassait pas de tant d'hommages à sa petite personne. Et qui serait bientôt assez grande pour aller à l'école des oiseaux.

Mais pour le moment, au diable l'école! Puisque tout est vrai dans cette histoire, il serait faux de prétendre qu'il ne lui arriva pas de tomber dans l'affectation et le cabotinage.

« J'ai sauté du nid sans hésiter une seconde et j'ai tout de suite senti que je volais très bien et très facilement », racontait Mélodie à qui voulait l'entendre. « Si j'ai eu peur de tomber ? Pas du tout, voyons... Jusqu'où j'ai volé la première fois ? Au moins jusqu'au grand orme, tout là-bas... Si j'étais essoufflée ? Un peu, mais d'euphorie, pas de fatigue... »

Ce qui serait également faux, ce serait de croire que tous et toutes s'étaient également entichés de l'oiseau prodige. « Trop, c'est trop, cette histoire de chat perdu et retrouvé, c'est trop beau pour être vrai », laissa tomber, fielleuse, Dame Corneille. Elle se promit bien de mettre au jour « toute la vérité » sur ce qui ne lui semblait pas mériter ce mot – « exploit » – qui était maintenant sur tous les becs.

- 9 -

Deux crayons à mine, douze crayons de couleur, un taille-crayon, trois stylos-billes (un bleu, un vert et un rouge), deux cahiers d'écriture lignés, une gomme à effacer (un bout pour le crayon, l'autre pour l'encre), un rapporteur d'angles, un bâtonnet de colle, une paire de ciseaux. La rentrée des classes approchait et, depuis plus d'une semaine, Mélodie avait fait, défait et refait son sac d'école un nombre incalculable de fois. Fébrile, impatiente, un peu craintive quand même mais sans le montrer, elle attendait ce grand jour – qui tombe, chez les oiseaux, le premier lundi de juillet.

Et tout naturellement, ce premier lundi de juillet, elle fut parmi les tout premiers élèves à arriver à l'école. Les seuls à l'avoir précédée étaient les jumeaux Chardonneret, toujours pressés, c'est de famille, et une mésange à tête noire, rigolote avec son tout petit bec pointu et ses joues blanches.

Suivirent, dans un piaillant désordre, deux bruants familiers et un de leurs cousins, un bruant à couronne blanche, un bec-croisé des sapins qui ne serait rouge qu'une fois adulte, deux jaseurs boréaux, un moqueur chat, deux geais bleus, une mésange huppée d'Amérique fière de son début de toupet, deux grives des bois, une tourterelle qu'on disait triste mais qui ne l'était pas le moins du monde, une paruline bleue à gorge noire qui ne se prenait pas pour une autre, sans oublier trois moineaux domestiques qui n'aimaient pas qu'on insiste sur l'adjectif « domestique ». Et d'autres encore, dont on ne connaissait ni l'air ni la chanson.

Tous s'observaient, parfois timides, parfois faussement intrépides. Tous avaient bien envie de se rapprocher et de faire connaissance, peut-être même de jouer ensemble, mais peu osaient faire les premiers pas. Une première journée d'école, pour un oiseau, ce

n'est jamais facile – pas plus d'ailleurs que pour un poisson, un papillon ou un humain. On n'est plus, façon de parler, sous l'aile protectrice de papa et maman. Mais qu'est-ce qu'on est fier, au fond, de passer dans le camp des grands!

Comme les autres, Mélodie balançait donc entre joie et appréhension. Joie d'être enfin à l'école, par ce matin ensoleillé de juillet, et de pouvoir enfin commencer à satisfaire ses mille et une curiosités. Aller à l'école, lui avaient dit et redit ses parents, c'est entrer dans un château aux miracles: chaque porte qu'on ouvre vous offre de nouvelles découvertes et vous donne envie d'en ouvrir une autre, puis une autre, puis une autre encore.

Appréhension aussi, de savoir si elle allait être capable d'apprendre toutes ces merveilles, lire, écrire, compter, la géographie, l'histoire, la science, les maths, des poèmes, des chansons, des fables dans lesquelles des oiseaux, parfois, ouvrent un large bec et laissent tomber leur proie. Et appréhension, surtout, de savoir comment et quand elle se ferait des copains et, parmi eux, des amis.

Huit heures trente. La maîtresse d'école, Madame Junco, tête, dos, ailes et poitrine couleur ardoise, air sévère mais pas trop, demanda le silence.

« Les amis, je m'appelle Madame Junco et les classes débutent ce matin. Je suis très heureuse de vous accueillir à l'École du Grand Chêne où vous viendrez chaque jour, sauf les jeudis, les samedis après-midi et les dimanches, jusqu'à la fin de septembre. Trois mois, ça peut vous sembler long. Vous verrez que ça passe vite quand on est très occupé. Car vous serez très occupés à apprendre, et vous apprendrez beaucoup si vous êtes attentifs et si vous travaillez fort. »

Les enfants, impressionnés par leur maîtresse d'école, ne soufflaient mot et comprenaient qu'ils n'étaient pas là pour s'amuser. Madame Junco continua : « Vous êtes donc ici pour apprendre. Vous êtes aussi ici pour grandir, pour devenir des adultes et pour découvrir les autres. Maintenant, regardez de chaque côté de vous : est-ce que vos voisins sont exactement comme vous ?

— Non, répondirent la plupart des enfants après avoir obéi à la maîtresse d'école.

— Ils ne vous ressemblent pas parce qu'ils sont plus grands ou moins grands que vous, même si vous avez tous à peu près le même âge. Ou encore, parce que leurs ailes et leurs corps sont d'une autre forme, leurs becs, plus ou moins longs ou plus ou moins pointus. Et aussi, beaucoup, parce que leurs plumes sont de toutes sortes d'autres couleurs. »

Les élèves se remirent à s'examiner et à se découvrir. Une mésange à tête noire regardait un chardonneret jaune, une tourterelle triste regardait une mouette rieuse, un geai bleu, un colibri à gorge rubis. Parfois, ils s'esclaffaient en constatant leurs différences, ou ils ouvraient grand leurs yeux d'étonnement. Certains, les plus curieux, voulaient apprendre les noms de leurs voisins. D'autres, plus timides ou plus méfiants, se regardaient en oiseaux de faïence.

Le jeu dura cinq bonnes minutes. Jusqu'à ce que Madame Junco réclame à nouveau le silence.

« Vous avez bien constaté que vos voisins, souvent, ne sont pas du tout comme vous, n'est-ce pas ?

— Oui, oui…

— Et pourtant, vous êtes aussi tous semblables. Il y a quelque chose que vous avez tous en commun. Qui peut me dire ce que c'est ? »

La classe se fit silencieuse. Personne n'osait se lancer, par crainte de dire une bêtise et de faire rire de soi.

La première à répondre fut l'une des grives. « Nous sommes tous nés ce printemps, dit-elle avec une assurance mesurée.

— C'est vrai… mais ce n'est pas tout à fait ça.

— Nous avons tous des parents, des papas et des mamans », proposa une hirondelle des granges. Tout récemment sortie de son nid de boue séchée avec plusieurs de ses frères et sœurs, elle était encore très branchée famille.

Mais cela non plus n'était pas, pour Madame Junco, la bonne réponse. Pas plus que celle de la paruline bleue qui, sûre d'elle, avança pompeusement : « Ce que nous avons en commun, c'est que nous avons tous deux noms, un nom courant, en français, et un nom savant. Le nom savant, qui est notre nom scientifique, est dans une langue que plus personne ne parle, le latin. Moi, c'est *Setophaga caerulescens,* c'est mon père qui me l'a dit et mon père, c'est le plus savant. »

Tous les élèves, heureusement, n'étaient pas aussi présomptueux. Certains étaient même plutôt rigolos. « Je donne ma langue au chat », s'amusa le moqueur. « Ce qui nous rend tous pareils, c'est que nous sommes tous obligés d'aller à l'école alors que nous voudrions tous être en train de jouer dehors », lança un roselin un brin provocateur, sans doute pour se faire populaire auprès de ses camarades. Ce n'était pas non plus, cela va de soi, la réponse qu'attendait la maîtresse d'école.

« Non, intervint-elle, vous n'y êtes pas. Je vais vous indiquer ce que vous avez tous en commun, je devrais dire ce que *nous* avons tous en commun : nous sommes tous et toutes… des oiseaux, c'est aussi simple que ça ! Nous sommes tous différents, c'est vrai, mais nous sommes surtout tous pareils. Nous sommes tous sortis d'un œuf. Nous avons tous un bec, deux ailes, deux pattes et des plumes. Et en plus, nous sommes tous des descendants… au fait, est-ce que quelqu'un sait qui étaient nos ancêtres, il y a très, très longtemps, il y a des millions d'années ? »

Silence encore dans la classe…

« Vous avez tous entendu parler des dinosaures, n'est-ce pas ?

— Bien sûr, répondit une élève, mais ils sont morts depuis belle lurette… C'est peut-être pour ça qu'ils ont tous des noms bizarres de l'ancien temps…

— C'est vrai qu'ils avaient des noms parfois difficiles à retenir, dit Madame Junco en souriant. Mais beaucoup de dinosaures avaient aussi, écoutez-moi bien, des plumes ! Et on pense qu'ils sont les ancêtres de tous les oiseaux – donc, on dit que nous sommes leurs descendants parce que, comme eux, nous avons tous des plumes. »

Des plumes, bien sûr ! Et il y en avait de toutes les formes dans la classe : des longues pour les ailes et la queue, des courtes pour la tête et le corps, des légères pour la poitrine et le dessous des ailes, des duveteuses pour se garder au chaud. Et surtout, surtout, il y en avait de toutes les couleurs : des noires, des blanches, des bleues, des rouges, des brunes, des jaunes, des vertes, des marron, des tachetées, des ardoisées comme celles de Madame Junco.

« Mais pas moi, dit soudain une élève d'une voix espiègle. Moi, je n'ai pas de plumes. Je suis un oiseau à feuilles ! »

- 10 -

Un « oiseau à feuilles », pensez ! À la récréation du matin, il n'y en eut que pour Mélodie Merle. Comme à la pause du midi. Comme à la récré de l'après-midi. Et ainsi de suite pendant plusieurs jours.

Tous les enfants l'entouraient, ce qui n'était pas pour déplaire à la petite vedette. Ils se demandaient – et ils le lui demandaient parfois haut et fort – d'où elle tenait son étonnant « plumage ». Si ses parents étaient « comme ça ». Comment elle pouvait voler ainsi « revêtue » – d'aucuns disaient même « attifée ». Si ce « feuillage » ne l'embêtait pas quand elle faisait sa toilette avec son bec. Si ces feuilles-là la tenaient bien au chaud la nuit. Si elle espérait un jour avoir des plumes « normales », des plumes « comme tout le monde », « des vraies plumes de vrai oiseau ».

Certains, c'est vrai, avaient entendu leurs parents leur parler de ce drôle d'oiseau, mais ils avaient cru que c'était une de ces histoires que les adultes inventent pour endormir les enfants. L'ayant maintenant sous les yeux, ils devaient admettre qu'il existait bel et bien. Et qu'à part ses improbables feuilles-plumes, il était lui aussi un oiseau « sorti d'un œuf avec un bec, deux ailes et deux pattes », comme avait dit Madame Junco.

Cependant, à mesure que les jours passèrent, la curiosité des débuts fit place à d'autres sentiments. D'agacement d'abord : c'est vrai que Mélodie avait quelque chose d'exceptionnel, mais d'autres aussi auraient aimé qu'on les regarde avec plus d'intérêt, voire plus d'admiration. La sturnelle des prés se trouvait plutôt chic avec son croissant noir sur sa poitrine jaune, ce que bien peu d'élèves semblaient remarquer. La paruline couronnée aussi se sentait belle, avec ses raies noires sur la tête et sa poitrine blanche gracieusement tachetée de noir. Et le geai bleu. Et la paruline jaune. Et le viréo aux yeux rouges. Et… Et…

Après l'agacement vint donc la jalousie, d'autant plus que Mélodie était une élève particulièrement douée et s'attirait régulièrement les félicitations de Madame Junco. Toujours première de classe, elle apprenait vite et sans effort, quand d'autres peinaient à retenir la table des additions ou le sens des expressions courantes comportant des noms d'oiseaux – tête de linotte, bouche en cul-de-poule, miroir aux alouettes, dindon de la farce.

Puis vint la méfiance, orchestrée par les élèves les plus malfaisants, les frères Corneille en tête. « Et si elle avait eu une maladie d'enfance étrange ? » insinuait Pierre, le fils aîné de Dame Corneille. « Et si cette maladie était contagieuse ? » renchérissait Thomas, son cadet. « En tout cas, c'est mieux de l'éviter dans la cour de récréation, parce qu'on ne sait jamais ce qui pourrait nous arriver », manigançait un pic maculé. « C'est sûr qu'on devrait se tenir loin d'elle », martelait un tyran tritri sur un ton acerbe.

Mélodie, qui avait encore des copains et qui était devenue amie avec la tourterelle, ne se préoccupait pas de ces ragots. Elle était tellement captivée par les cours de Madame Junco qu'elle en oubliait les importuns et les casse-pieds.

Le vocabulaire des chants d'oiseaux, un cours de la troisième semaine de classe, l'avait autant séduite qu'amusée. Le corbeau croasse, la poule caquette au moment de pondre et elle glousse pour appeler ses petits, l'alouette grisolle, la mésange zinzinule, le pic picasse ou pleupleute, l'aigle glatit, le coucou coucoue ou coucoule, le dindon glougloute, la caille et la perdrix cacabent, le héron hue, la chouette chuinte et le hibou bouboule, l'oie cacarde, le moineau chuchète, l'hirondelle trisse, la cigogne craquette…

« Et moi qui suis merle, je siffle, tout simplement, et je chante, fort joliment d'ailleurs. Mais toi, mon amie tourterelle, quel chant fais-tu ?

— Je roucoule, c'est mon charme.

— Mais on dit aussi que tu caracoules ou que tu gémis. »

Mélodie n'aurait manqué pour rien au monde une seule heure de classe. Pendant la cinquième semaine, elle s'amusa beaucoup à apprendre les noms des petits de certains oiseaux: l'hirondeau, le héronneau, le poussin, le dindonneau, le pouillard du faisan et le fauconneau du faucon, et bien sûr le merleau du merle et le tourtereau de la tourterelle.

«Après tout, les frères Corneille, vous n'êtes encore que des corneillards», leur avaitelle un jour lancé dans la cour de récréation. Mélodie avait été bien contente de mettre les rieurs de son côté.

- 11 -

Les leçons sur les noms d'oisillons avaient amusé Mélodie. Les leçons sur les espèces en péril, par contre, l'attristèrent profondément. Découvrir que des oiseaux risquaient de disparaître du ciel la troubla. Elle apprit donc les noms de certains de ces malheureux, comme pour conjurer le mauvais sort : pluvier siffleur, paruline azurée, sterne de Dougall, pic à tête rouge.

Elle apprit aussi que des espèces d'oiseaux naguère très nombreuses n'étaient plus en très bonne santé, souvent parce que les humains ne s'en souciaient pas vraiment. Les oiseaux des champs, par exemple, se faisaient rares : le pluvier kildir, l'alouette hausse-col, l'engoulevent d'Amérique, le merlebleu de l'Est ou le goglu s'accommodaient fort mal des façons de faire de l'agriculture intensive. Les pesticides et les herbicides étaient répandus à grande échelle. Les arbres, les arbustes et les haies devenaient rares le long des terres cultivées. Partout, on asséchait les petites mares et les marécages, où les oiseaux trouvaient naguère nourriture et de quoi s'abreuver. Sans oublier les tracteurs et la machinerie agricole, qui devenaient de plus en plus gros et de plus en plus lourds et qui écrasaient tout sur leur passage.

Oui, les oiseaux étaient en péril. Madame Junco raconta à la classe qu'une « grande dame américaine » avait écrit un livre intitulé *Printemps silencieux.* Elle y disait qu'au printemps, on entendait de moins en moins de chants d'oiseaux parce qu'ils étaient victimes de la pollution chimique et de toutes sortes d'autres nuisances. « Elle a écrit son livre il y a longtemps, continua la maîtresse d'école, mais elle avait raison. Dans nos campagnes et dans nos bois, les printemps se font de plus en plus silencieux. »

C'est simple, Mélodie voulait tout savoir. Elle fut éblouie par les migrations d'oiseaux.

Ses parents lui avaient bien parlé des oies des neiges, dont un couple s'était arrêté pour la voir dans son nid quand elle était toute jeune ; ce couple, avec des milliers d'autres, faisait son grand voyage de printemps de la Virginie, aux États-Unis, à l'île Bylot, très loin dans le nord du Canada.

Mais elle n'aurait jamais pensé que tant d'oiseaux parcouraient chaque année tant de kilomètres pour aller chercher de la chaleur, de la nourriture ou de l'amour, souvent les trois à la fois.

Chaque printemps, ces éternels migrants montent vers le nord pour y passer l'été, y faire naître leurs bébés et profiter du temps frais. Chaque automne, ils redescendent dans le sud pour y passer l'hiver, loin des températures glaciales et des nuits sans fin du Grand Nord. Les oies des neiges, qu'on appelle aussi les oies blanches, les bernaches, certains canards, les grives et toutes sortes d'autres espèces se baladent ainsi, deux fois par an, en franchissant des distances incroyables. Même les colibris de rien du tout font régulièrement l'aller-retour entre le Québec et le Mexique, avec leurs ailes minuscules qui peuvent battre plus vite qu'une fois par seconde.

Quand elle rentrait de l'école, la tête pleine de toutes ces découvertes, Mélodie s'empressait de les partager avec Ana, ses parents, le Professeur et même Jaune, qui faisait toujours mine d'être intéressé à apprendre quelque chose… qu'il oublierait aussitôt. Elle aimait « faire sa petite savante devant tout le monde », disait Madame Merle avec affection.

« Imaginez, s'enflamma la petite savante un samedi après-midi, imaginez qu'il y a des superchampions de la migration. Madame Junco nous a expliqué ce matin qu'il existe un oiseau qui vit deux étés par an. C'est un oiseau de mer. Il s'appelle la sterne arctique. Et comment elle s'y prend pour être toujours en été, la sterne ? C'est simple, elle va carrément d'un bout de la Terre à l'autre deux fois par année, de l'Arctique jusqu'à l'Antarctique, puis de l'Antarctique jusqu'à l'Arctique. Quand c'est l'hiver en bas du monde, c'est l'été en haut, et ça change tous les six mois. Chaque fois, ça lui fait plus de 15 000 kilomètres à voler et ça lui prend quatre mois !

— Pas d'un seul coup quand même, dit Ana. Elle doit être morte de fatigue...

— Bien sûr que non, répondit avec assurance la savante en herbe. Elle vole au-dessus de la mer et elle descend... tiens... deux fois par jour pour attraper des poissons.

— Donc, elle vole pendant huit mois sur douze, calcula Ana. Et elle fait plus de 30 000 kilomètres dans son année. Elle ne doit pas vivre très longtemps. »

Mélodie, cette fois, n'avait pas la réponse. Elle se tourna vers le Professeur, qui savait tout ou presque parce qu'il avait lu presque tous les livres. Il put les rassurer rapidement.

« La sterne arctique fait beaucoup d'exercice, c'est évident, dit le vrai savant. Elle peut quand même atteindre l'âge de vingt ans, même le dépasser. Si vous faites la multiplication, 30 000 kilomètres par an pendant vingt ans, cela donne plus d'un demi-million de kilomètres – c'est presque comme aller sur la Lune et en revenir. Elle est certainement l'oiseau qui voit le plus de paysages au cours de sa vie. On a même suivi une sterne qui était partie de l'Angleterre, était allée en

Afrique du Sud, puis en Antarctique, puis était revenue en Angleterre : elle avait parcouru 96 000 km en moins d'un an.... une véritable championne ! »

Mélodie était fascinée, le mot n'est pas trop fort, par ces fabuleuses histoires de migrations. Secrètement, elle se disait qu'un jour, elle aussi, elle partirait en voyage. Toute seule, comme une grande.

- 12 -

Le lendemain matin, vers les 10 h, le Professeur demanda à ses amis de venir le voir au jardin. Il avait « quelque chose d'important » à leur dire. Ana, Mélodie et ses parents le trouvèrent assis sur le banc de pierre, à l'ombre de son arbre préféré, un érable sans doute aussi âgé que lui. Il avait un air grave. La petite lueur de malice qui brillait habituellement derrière ses lunettes s'était envolée. Il semblait absorbé dans on ne sait quelle songerie.

« C'est nous », dit Ana en s'asseyant près de lui et en posant doucement la main sur sa manche. « C'est nous, reprit-elle, il ne manque que Jaune. Tu lui as dit que nous devions nous voir ici ? Sacré Rominamour, toujours en retard, toujours un peu oublieux aussi. Et surtout, toujours aussi paresseux quand vient le temps de se lever. »

Le Professeur restait silencieux, immobile. En le regardant bien, pourtant, on aurait pu voir sur ses lèvres d'infimes mouvements, les signes microscopiques de mots qui n'arrivaient pas à se former. Ana appuya un peu plus sur sa manche. « Alors, c'est quoi, cette chose importante que tu veux nous dire ? Pas une mauvaise nouvelle, quand même. »

Le Professeur la regarda avec toute sa tendresse de vieux monsieur. Il regarda aussi longuement les Merle, papa, maman et Mélodie. Puis Ana, encore. Le silence se faisait lourd. Il y avait pourtant dans l'air la légèreté de ces matins qui annoncent une journée d'été exceptionnellement chaude.

« Mes amours, commença-t-il après de longues minutes, il faut que je vous dise la vérité. Et ce n'est pas une vérité qui est plaisante à dire. Ana, je vais même te faire de la peine, parce que c'est effectivement une mauvaise nouvelle que je dois vous apprendre. »

Il fit une pause, comme pour leur donner le temps de le rejoindre dans ses pensées. Puis il leur dit qu'ils devraient se montrer courageux tous ensemble. Que les deux petites, Ana et Mélodie, allaient devoir se comporter « comme des grandes ». Qu'il ne faudrait pas se laisser aller au chagrin trop longtemps... Cette fois, il semblait intarissable. C'était comme s'il voulait remplir l'espace et le temps de beaucoup de mots pour laisser le moins de place possible à la tristesse.

Car tous commençaient à la deviner, cette satanée mauvaise nouvelle. Il ne manquait qu'un ami. Et le Professeur ne l'avait pas attendu pour parler. Alors...

« Ce que je dois vous dire, enchaîna-t-il tout à trac, c'est que Jaune ne viendra plus nous voir... Il ne viendra plus discuter le coup avec nous, ni ronronner près de nous, ni se coller sur nous... Il nous a quittés cette nuit comme si de rien n'était – il dormait tout contre moi... »

Madame et Monsieur Merle n'avaient pas besoin de plus de mots pour comprendre. Mais pas Mélodie et Ana. Quand on commence dans la vie, on ne peut pas imaginer qu'à l'autre bout, il y ait tout le contraire de la vie.

« Il nous a quittés, ça veut dire qu'il va bien finir par revenir, on le connaît, dit Mélodie comme s'il s'agissait d'une évidence.

— Il nous a déjà fait ça, partir et se perdre, et on l'a toujours retrouvé, poursuivit Ana. Il faut juste faire comme la dernière fois, se mettre tous ensemble pour le chercher. »

Allez expliquer des choses pareilles à des enfants ! Allez leur rentrer dans la tête des mots comme « toujours » et comme « jamais » ! Allez leur faire entendre que quelqu'un d'aimé les a quittés « pour toujours » et qu'ils ne le reverront « plus jamais » ! C'est pourtant ce que leur vieil ami devait faire. Et il le fit avec toute la tendresse et toute la patience qu'il avait. Quand on est sur l'autre versant de la vie, celui qui descend, on sait bien que tendresse et patience « font plus que force ni que rage », comme dit la fable.

« Les enfants, approchez-vous bien de moi… parce que je vais parler tout bas, comme on doit le faire quand on confie des secrets, murmura le Professeur. Jaune, notre vieux Jaune à nous, Jaune est parti pour un autre voyage. Pour un voyage dans

un autre monde, à ce qu'on dit parfois parce qu'on ne sait vraiment rien dire d'autre dans ces moments-là. Vous aviez vu comme il était fatigué, ces derniers temps? comme il avait perdu un peu de sa tête? comme il était malade? Et surtout, vous aviez senti comme il était malheureux toutes les fois qu'il s'en rendait compte? Vous saviez bien que ce n'était plus notre bon vieux chat Jaune à nous. Il n'était vraiment plus dans son assiette, c'est sûr. »

Le Professeur s'arrêta un long moment. Monsieur Merle, maintenant perché sur le dossier du banc, laissa couler des larmes le long de son bec, contre lequel Madame Merle frotta le sien pour l'essuyer.

« Pour lui, c'est sans doute mieux comme ça, finit-elle par dire en se parlant à elle-même.

— C'est sans doute mieux comme ça, reprit le Professeur. Jaune n'était plus lui-même. Il n'avait même plus le plaisir d'aller faire un tour dehors. De toute façon, on avait bien trop peur qu'il s'égare. Mais là, c'est vrai qu'il est… qu'il a… c'est vrai qu'il nous a quittés. »

Les deux petites, Mélodie et Ana, avaient du mal à comprendre. Ou elles ne le voulaient pas. Les grands étaient très tristes que Jaune soit « parti », mais en même temps, ils disaient que « c'était mieux ».

« Alors, tu es triste ou tu es content pour lui ? demanda Mélodie au Professeur.

— Et c'est quoi, cette histoire de voyage dans un autre monde ? enchaîna Ana. Maintenant, tu dois tout nous dire. »

Le Professeur les rapprocha encore un peu plus près de lui pour leur parler encore un peu plus bas.

« Les enfants, quand je parle d'un voyage et quand je dis que c'est dans un autre monde, ce n'est vraiment pas comme un voyage qu'on ferait pour aller dans un pays qu'on voudrait visiter. Ce n'est pas comme prendre le train pour aller voir la mer, ou comme monter dans un avion pour voler au-dessus de montagnes toutes couvertes de neige. Jaune est parti. Mais il est parti... comment dire... il est parti pour nulle part. Et il ne reviendra pas. On ne le verra plus. Son nouveau voyage, en fait, c'est dans nos têtes et dans nos cœurs qu'il va le faire, dans nos souvenirs, dans nos pensées. C'est là qu'il va vivre à partir d'aujourd'hui.

— Comme dans la vidéo où on le voit dormir sur son coussin ? demanda Ana.

— Et même beaucoup mieux. Il avait la maladie de l'oubli, vous le savez, mais il sera maintenant dans tous nos souvenirs de lui, dans tout ce que nous raconterons quand nous parlerons de lui ensemble. »

Le Professeur fit une autre pause, longue, lourde. « Jaune est… Jaune est mort, c'est le vrai mot, il faut bien le prononcer. Il est devenu quelqu'un qu'on ne peut plus voir ni entendre, mais qui vit quand même en dedans de nous. Et surtout, quelqu'un qui vivra aussi longtemps que nous le voudrons et aussi longtemps que nous vivrons nous-mêmes.

— Mais quand je serai morte, moi ?

— Ce sera à ton tour de vivre dans les souvenirs des autres, de tes amis, peut-être de tes enfants, de tous ceux qui t'auront connue. Et si tu leur as déjà parlé de Jaune, Jaune aussi continuera à vivre un peu dans leurs souvenirs.

— Et ça durera comme ça pour toujours ?

— Aussi longtemps qu'on se transmettra les souvenirs. »

De nouveau, ce fut le silence, avec des larmes et, parfois, un sourire triste. Jusqu'au moment où Ana regarda le Professeur droit dans les yeux.

« L'autre jour, tu m'as dit qu'aimer quelqu'un, c'est le laisser partir s'il a envie de partir, c'est vrai ?

— C'est vrai, même aujourd'hui.

— Alors, comme on l'aime tous beaucoup, beaucoup, notre gros Rominamour jaune, on l'a laissé partir. Mais on l'a aussi gardé en dedans de nous pour toujours.

— Pour toujours. »

- 13 -

Le cœur gros, Mélodie se rendit à l'école le lendemain matin. Sans toutefois la consoler de son deuil, l'école allait au moins lui changer les idées. Une fois de plus, la semaine allait être captivante. Madame Junco avait promis qu'elle poursuivrait le cours sur les migrations d'oiseaux. Elle donnerait des réponses aux questions qui avaient fusé de toutes parts dans la classe.

Où les oiseaux trouvent-ils leurs forces pour faire de si longs voyages ? Est-il vrai que certains peuvent voler jusqu'à 1 000 kilomètres d'un coup, sans se poser et sans manger ? Et que les colibris traversent sans escale le golfe du Mexique, qui mesure plus de 800 kilomètres ? Comment les oiseaux migrateurs s'y prennent-ils pour repérer leur chemin quand ils traversent des pays aussi grands que le Canada, les États-Unis, la Russie ou la Chine? S'ils s'orientent avec les étoiles, qu'est-ce qu'ils font quand il y a des nuages la nuit? Comment font-ils pour retrouver exactement, l'année suivante, le coin de pays et même le nid où ils sont nés?

C'est aussi pendant cette semaine-là que Madame Junco commença à parler d'une question «très inquiétante pour tous les oiseaux»: le changement du climat.

«Depuis quelques années, dit-elle, il fait de plus en plus chaud sur notre belle planète. On ne se rend pas bien compte de ce changement. Mais on sait déjà que ce n'est pas bon pour la nature, pour les campagnes, pour les arbres, pour les forêts – et donc pour nous, les oiseaux. Il fait plus chaud ici. Et c'est surtout vrai dans les régions nordiques, où plusieurs d'entre nous aiment passer leurs étés. On ne sait pas ce qui va nous arriver. De nombreux savants craignent le pire. Certains oiseaux pourraient être gravement touchés. Ils pourraient ne plus trouver d'endroits convenables pour habiter, pour faire leurs nids ou même pour manger. »

À mesure que les jours passaient, Mélodie avait plus de difficultés à suivre les cours et à apprendre ses leçons. C'est que les moqueries à son endroit devenaient plus fréquentes. Menés par les frères Corneille et par le tritri, qui faisaient la loi dès qu'ils sortaient de la salle de classe, les élèves se liguaient contre « l'oiseau pas comme les autres ».

Tout leur semblait bon pour la tourner en ridicule. « Avec tes feuilles, t'as l'air d'une plante verte... Avec l'allure que t'as, tu ne trouveras jamais un amoureux... À ta place, je ne me poserais pas dans un arbre, tu pourrais devenir une branche... »

Les moqueries tournaient en méchancetés. En apprenant la mort du chat Jaune, les Corneille ne montrèrent aucune gentillesse. Au contraire, ils rappelèrent que si Mélodie avait tant de peine, c'est parce qu'elle était une amie du chat en question. Or, être l'ami d'un chat, quand on est un oiseau, c'est « de la trahison ». Ou « de l'inconscience ».

Les deux mauvaises langues en rajoutèrent. « Un jour, tout le monde cherchait le chat. Au bout d'une journée, personne ne l'avait trouvé. Finalement, c'était Mélodie qui l'avait ramené. Elle s'était vantée d'avoir accompli un exploit. Mais c'est sûr et certain qu'elle avait triché et que le chat s'était entendu avec elle pour faire semblant de s'être perdu. »

De la méchanceté à la cruauté, il n'y a qu'un pas, surtout quand on se met à plusieurs.

« Hé, l'oiseau à feuilles, tu sais ce qui va t'arriver cet automne ? lui lança Pierre Corneille.

— Oui, répondit Mélodie en rassemblant tout son courage. Moi, à l'automne, j'aurai mon diplôme. Et toi qui es bête comme une oie, tu vas te retrouver le bec dans l'eau, parce que tu n'auras rien mis dans ta minable petite tête d'oiseau.

— Cause toujours, la chouchoute de Madame Junco. T'as beau faire des belles phrases, ce qui va t'arriver, à l'automne, c'est que tu vas perdre toutes tes feuilles !

— Et tu te retrouveras toute nue », ricanèrent plusieurs gamins.

En bande, on devient vite une meute. Et en meute, qu'on soit loup, oiseau ou humain, on devient hostile, hargneux, malveillant, agressif. Les meneurs incitaient ouvertement les suiveurs à harceler la pauvre Mélodie.

« Moi, je suis un étourneau et j'ai des plumes.

— Moi, un pigeon et j'ai des plumes.

— Moi, une buse et j'ai des plumes, rien que des plumes.

— Nous sommes tous des oiseaux, et des oiseaux, ça a forcément des plumes, même que c'est ta Madame Junco qui l'a dit.

— Et toi, la Mélodie avec pas de plumes, t'es de quelle race ? Tu ne le sais même pas. Tu ne peux même pas le dire. Tu n'es même pas un merle. »

Mélodie savait bien qu'il n'y a pas de « races » d'oiseaux. Il y a seulement des « espèces ». Mais comment le faire comprendre à une bande d'imbéciles ? Comment se défendre contre autant de bêtise ?

Chaque jour d'école devenait plus lourd pour la petite Merle, plus difficile à passer. Le matin, elle allait à l'école en ayant peur de ce qui allait lui arriver. Le soir, elle rentrait chez elle au bord des larmes. Elle en avait bien parlé à ses parents, qui en avaient parlé à Madame Junco. Mais si la maîtresse d'école savait mener sa classe au doigt et à l'œil, elle ne pouvait pas surveiller tout ce qui se passait à l'extérieur, dans chaque coin de la cour de récréation.

Et quand les frères Corneille et leurs complices apprirent que Mélodie les avait dénoncés, ils se firent encore plus méchants. Ils la prirent à l'écart et se mirent à la bousculer, à la pincer, à tirer sur les feuilles de sa queue, à lui donner des coups de bec sur le dos, juste assez fort pour lui faire mal mais pas assez pour laisser des marques.

Arriva la dernière des treize semaines de classe, à la fin de septembre. Mélodie était à bout de forces. Elle n'en pouvait plus des intimidations et des humiliations à répétition.

La dernière trouvaille des Corneille, pour rire d'elle encore une fois, fut la fois de trop.

Comme un cri de ralliement, ils se mirent à la huer : « T'es un OGM ! T'es un OGM ! » – une rengaine que reprirent en chœur les autres élèves : « T'es un OGM ! T'es un OGM ! T'es un OGM ! »

Mélodie Merle ne termina pas sa journée à l'école. Elle rentra en pleurs. À ses parents qui lui demandaient ce qui s'était passé, elle répondit à travers ses sanglots que « les autres » lui avaient « crié des noms d'oiseau ». Qu'ils lui avaient dit qu'elle était un OGM.

« Un quoi ? Un OG… quoi ?

— Un OGM. On a appris à l'école ce que c'est. Mais eux, ils ont compris tout de travers, comme toujours. Ils ont dit qu'un OGM, c'est un oiseau génétiquement modifié. »

Avec la plus grande douceur, les Merle séchèrent les yeux de leur fille.

« Mais non, ce n'est pas vrai que tu es un oiseau modifié, comme ils disent… Si tu as des feuilles plutôt que des plumes, c'est pour être belle, c'est pour nous rendre fiers de toi… Être différent des autres, ce n'est pas un mal, au contraire. Être différent, c'est apporter quelque chose de plus aux autres.

C'est rendre le monde plus intéressant, plus étonnant. C'est lui apporter de la fantaisie, de la poésie. C'est lui donner plus de richesse. »

- 14 -

Le samedi midi suivant, l'école était finie. Les vacances commençaient. Mélodie, qui avait raflé tous les premiers prix, avait croisé pour une dernière fois ses camarades lors de la cérémonie de fin d'études. Les deux Corneille et le tyran tritri n'y avaient bien sûr pas assisté, parce que s'il y avait eu des derniers prix, c'est eux qui les auraient tous remportés. La plupart des autres élèves, venus avec leurs parents, ne manifestaient plus la même agressivité envers la petite Merle. Certains la regardaient même avec un peu d'envie.

Mélodie, elle, avait un grand projet en tête. Elle n'en avait pas encore parlé à ses parents. Mais elle était bien décidée à le réaliser. Elle était maintenant presque une adulte, au moins « une grande jeune fille » avait-elle entendu dire. Elle pouvait donc commencer à voler de ses propres ailes.

« Papa, maman, leur dit-elle après la cérémonie, vous êtes fiers de ce que j'ai réussi à l'école, n'est-ce pas ?

— Très fiers. Très, très fiers.

— Alors, vous allez être fiers de ce que je veux faire maintenant.

— Oui ?

— Oui, oui… Devinez… »

Les parents Merle n'avaient pas vraiment commencé à penser à quoi leur fille allait s'occuper après ses études. Les dernières semaines et toutes ces histoires de harcèlement leur avaient donné trop de soucis. Et puis, rendus à cet âge, les enfants n'ont plus trop besoin d'écouter les conseils de leurs parents. C'est du moins ce qu'ils croient tous.

« Je vais vous donner un indice : c'est quelque chose que j'ai beaucoup aimé étudier à l'école avec Madame Junco.

— Sauf que tu as tout aimé à l'école. Dis-nous-en un peu plus.

— C'est quelque chose que beaucoup d'oiseaux font, mais on ne sait pas encore très bien pourquoi, ni surtout comment…

— J'ai trouvé : avoir des enfants qui vous taquinent en vous posant des devinettes !

— Pas ça, papa, sois sérieux. Quelque chose de fascinant, de très grand, d'incroyable… »

Si le souvenir de Jaune n'avait pas encore été aussi triste pour eux tous, les Merle auraient sans doute dit avec malice qu'ils donnaient leur langue au chat. Ils firent plutôt comprendre à Mélodie qu'ils n'avaient pas trouvé et qu'elle devait maintenant leur annoncer son grand projet.

« Vous allez peut-être vouloir me retenir, leur dit-elle. Mais j'y ai beaucoup réfléchi quand les autres me faisaient tellement de peine. Je vais faire quelque chose qui va leur clouer le bec. Je vais faire… une grande migration d'oiseau.

— Tu veux… tu veux… partir ?

— Toute seule ? Loin ?

— Toute seule pour mon grand voyage. Pour découvrir des choses, des tas de choses. Pour rencontrer des oiseaux qui ne se moquent pas de moi. Pour voir des paysages, des montagnes, des forêts, d'autres sortes d'arbres, des rivières, la mer, tout... Et après, je reviendrai et je vous raconterai. Je vous jure que vous n'en croirez pas vos oreilles. Je raconterai aussi mes histoires étonnantes à Ana et au Professeur, et je suis sûre qu'ils seront tout aussi emballés que vous. »

Comment des parents pourraient-ils résister à une presque adulte qui a de si grands rêves ? Et qui, de toute façon, a l'air si décidée à les réaliser ?

Monsieur et Madame Merle laissèrent donc Mélodie s'envoler. En lui prodiguant, pour se sentir quand même de bons parents, mille et un conseils.

« Ne fais pas de trop grandes journées... Arrête-toi sitôt que tu sens la fatigue... Fais attention à te mettre en sécurité quand tu t'arrêtes pour dormir... Méfie-toi des oiseaux de passage, ils pourraient chercher à t'escroquer, te chanter la pomme un soir et disparaître le lendemain... Repose-toi bien... Mange bien... Bois beaucoup d'eau... Surtout, ne prends pas froid...

— Et pense à nous souvent, toi qui vas voyager dans la beauté des choses. »

- 15 -

Mélodie vola, vola, vola. Elle vola pendant des heures et des heures. Qui firent des jours et des jours. Le soir, épuisée, elle cherchait un arbre pour y passer la nuit. Le lendemain, beau temps, mauvais temps, elle repartait à tire-d'aile.

Des fleuves, des montagnes, des vallées, des forêts, des villes grandes et petites, des fermes : elle avait tellement hâte de tout voir qu'elle en oubliait souvent de se poser et de se reposer, même de manger. Elle pouvait voler sous les plus durs soleils et sous les pluies les plus froides. Un jour, elle fut même surprise par une giboulée qui n'était pas de gouttes de pluie, mais de grains blancs comme elle n'en avait jamais vus. Elle avait appris à l'école qu'on les appelait des « flocons de neige ». Un autre jour, un grand vent se leva, la bouscula, la fit tourbillonner, ce qui lui fit bien peur avec toutes les feuilles qu'elle avait sur le corps et les ailes, puis faillit l'envoyer s'écraser au sol et, la seconde d'après, la remonta, d'un coup, trente mètres vers le haut.

Peu lui importait. Ce qu'elle voulait par-dessus tout, c'était aller de l'avant, voyager, réussir sa grande migration. Rencontrer d'autres oiseaux aussi. Avec qui elle aimait faire connaissance, raconter son histoire en échange de la leur, parfois les accompagner dans leurs déplacements pendant quelque temps. Le plaisir des voyages, c'est aussi de rencontrer d'autres voyageurs. De leur demander d'où ils viennent et où ils vont. Ce qu'ils ont aimé ou détesté, ce qui les a surpris ou déçus.

Et parfois, le plaisir des voyages, c'est d'avoir de sacrées surprises. Mélodie croisa un jour un voilier d'oies des neiges en route vers leurs quartiers d'hiver, quelque part dans le sud des États-Unis. Il y avait des dizaines, peut-être même une ou deux centaines d'oies dans le voilier. Mais par un drôle de hasard, deux d'entre elles la reconnurent – celles-là mêmes qui étaient venues la voir dans son nid quelques mois plus tôt! L'une d'elles l'invita à grimper sur son dos et lui fit faire, à toute vitesse, une trentaine de kilomètres avant de la laisser reprendre son propre vol en lui souhaitant bon voyage.

Mélodie rencontra donc bien des oiseaux pendant sa migration. Chaque fois avec la même curiosité et la même satisfaction. Mais de toutes ces rencontres, la plus importante fut celle d'un hibou, un grand-duc d'Amérique. Mélodie s'était nichée dans un chêne à la brunante, exténuée par une longue journée de vol par vent debout. Elle n'avait pas tout de suite remarqué le hibou, perché un peu plus haut. Au bout de quelques minutes, celui-ci s'était posé à ses côtés.

« Bonsoir, ma jolie, tu viens de loin comme ça? Tu as l'air complètement éreintée.

— Oh, j'ai fait une grosse journée, depuis 6 h ce matin, à voler le bec contre le vent. Je n'ai même plus la force de me trouver à manger...

— Ne bouge pas, je vais aller te chercher quelque chose.

— Pas une souris, j'espère. »

Le hibou trouva la blague bien bonne et partit en faisant des hou! hou! Quelques minutes plus tard, il revint avec des petits fruits rouges, une bonne portion d'insectes et deux gros vers de terre. Mélodie avala le festin à toute vitesse, oubliant presque de remercier son hôte tant elle avait le gosier plein.

« Et tu t'appelles comment, mon enfant ?

— Mélodie. Mélodie Merle. Je suis une merlette. On peut dire aussi que je suis un merle blanc, parce que je suis vraiment un oiseau rare !

— J'avais remarqué, dit le hibou, j'ai une très bonne vue, même dans la pénombre... Écoute-moi bien, Mélodie, je suis très content de t'avoir rencontrée, parce que je vais pouvoir t'aider à continuer ton voyage. Tu feras une découverte qui va te rendre tellement heureuse que tu te souviendras de moi pendant toute ta vie.

— Vous voulez dire quoi au juste, Monsieur Hibou ?

— Je n'ajoute rien, c'est une surprise! Demain matin, quand tu te seras bien reposée, tu prendras un solide petit-déjeuner, c'est facile, il y a tout ce que tu aimes autour d'ici. Ensuite, à 8 h 50 pile-plume, tu t'envoleras en direction du soleil. Tu prendras alors un point de repère à l'horizon, parce que le soleil va se mouvoir dans le ciel et il ne faudrait pas que tu perdes ta trajectoire. Et tu voleras en direction du point de repère pendant toute la journée. »

Le hibou regagna sa plus haute branche, d'où il regarda Mélodie qui s'était endormie tout d'un coup.

Le lendemain, fraîche et dispose, Mélodie prit son petit-déjeuner, salua Monsieur Hibou et s'envola à 8 h 50 pile-plume, comme il le lui avait recommandé. Toute la journée, elle vola, vola, vola. La fatigue avait beau la gagner, elle était tellement impatiente de découvrir la surprise annoncée par son protecteur qu'elle volait de plus en plus vite.

Peu de temps avant la fin du jour, elle arriva à l'orée d'une forêt. Elle y entra en gardant le cap du mieux qu'elle le pouvait.

Tourna ici et là. Contourna un arbre puis un autre. Et finit par se perdre dans la pénombre.

« Comment trouver la surprise, maintenant ? Où aller ? Monsieur Hibou m'a peut-être fait une blague… une mauvaise blague. »

À bout de souffle, dépitée, maintenant complètement plongée dans le noir, Mélodie dut se poser au hasard dans un arbre. À cause sans doute de sa grande fatigue, et parce qu'elle était tout simplement soulagée de pouvoir enfin se reposer, elle eut l'étrange sensation d'être enveloppée par l'arbre, gardée au chaud, protégée dans une bulle de douceur extrême.

Elle s'endormit en moins de dix secondes. Et elle rêva de douceur toute la nuit.

- 16 -

Mélodie se réveilla au petit jour, reposée et encore bien plus affamée. Elle allait se précipiter pour chercher sa nourriture quand elle se figea sur sa branche. Elle crut d'abord qu'elle était encore en train de rêver et referma les yeux. En les rouvrant, c'était le même incroyable spectacle.

Son arbre était couvert de… plumes!

De vraies plumes!

Des plumes soyeuses, toutes douces, presque du duvet, sur les grosses branches et sur le tronc. Et de longues plumes rouges mouchetées de noir au bout des branches, des plumes qui semblaient de plus en plus foncées et de plus en plus denses vers la cime.

Elle écarta le feuill... pardon, le plumage de son arbre. Nouvelle surprise : l'arbre voisin était lui aussi couvert de plumes ! Des vertes et des bleues, cette fois, avec les séduisants reflets irisés qu'on voit chez les paons quand ils font la roue. Et c'était loin d'être fini. Un autre voisin avait le plumage modeste de la tourterelle. Un autre, celui du geai bleu. Un autre, celui du grand héron. Un autre encore, plus arbuste qu'arbre il est vrai mais ô combien voyant ! arborait avec un brin d'insolence la robe orange de l'oriole.

Mélodie n'eut pas assez de la journée pour faire le tour de ce pays des merveilles. Elle n'avait pas le temps de s'étonner d'un nouveau plumage qu'un autre l'attirait, la séduisait, la faisait rire de joie. Il y avait l'arbre chardonneret. L'arbre paruline. L'arbre jaseur. L'arbre moqueur. L'arbre grive. L'arbre bruant. Il y avait aussi un arbre junco, aux feuilles couleur ardoise et qui lui rappelait quelqu'un d'important dans sa vie. Et même un arbre corneille, « tout noir mais quand même sympathique », reconnut-elle.

Le plus chouette, c'est que des arbres à feuilles et des arbres à aiguilles poussaient aussi parmi les arbres à plumes. Et que tout ce beau monde était ravi de vivre en aussi bon voisinage. L'arbre paruline côtoyait un bouleau. L'arbre chardonneret frayait avec une épinette, le jaseur, avec un sapin et le héron, avec un érable. Il faut vraiment de tout pour faire une forêt.

Soir après soir, avant de s'endormir dans l'arbre duveteux qui l'avait accueillie, Mélodie passait en revue, dans sa tête, ses découvertes du jour. Elle les rangeait soigneusement dans les petits écrins de sa mémoire, elle voulait se rappeler tout, elle en aurait tant à raconter à son retour.

Puis elle s'endormait en savourant sa chance – et son bonheur – d'être un oiseau à feuilles au pays des arbres à plumes.

- 17 -

« Vite, vite ! Vite, Madame Merle, Monsieur Merle ! Vite, Monsieur le Professeur ! Vite, je viens de recevoir une lettre de Mélodie ! »

Ana était tout excitée. Cela faisait plus de deux mois que Mélodie était partie et qu'elle s'ennuyait d'elle très fort. Les jours avaient passé. La première neige était déjà tombée et l'on n'avait pas eu vraiment de nouvelles de son expédition, mis à part un court message, chaque semaine, laconique, toujours le même : « Tout va bien pour moi. »

Cette fois, on avait une lettre, dans une belle enveloppe cachetée, avec un timbre représentant un oiseau fabuleusement bleu – sous lequel il y avait une mention écrite en lettres minuscules : passerin indigo, *Passerina cyanea.*

« Une lettre de Mélodie… C'est incroyable… Je l'ouvre ?

— Tout de suite. Et tu nous la lis tout haut. »

Ana tremblait en ouvrant l'enveloppe et en sortant les deux feuilles qu'elle contenait, soigneusement pliées et couvertes d'une écriture impeccable. « Écrire sans fautes, c'est respecter les mots, répétait jour après jour Madame Junco. Et bien écrire, c'est leur faire la fête. »

D'une voix posée, elle lut la lettre de Mélodie.

« Je voulais vous écrire plus tôt, mes chers parents d'amour et mes chers amis Ana et Monsieur le Professeur, mais j'ai vécu des choses si extraordinaires que je n'avais jamais le temps de prendre la plume comme on dit, même si ça fait des années qu'on n'écrit plus avec des plumes. Et puis, des plumes, vous savez que je ne saurais pas m'en servir…

Je veux d'abord vous dire que mon voyage s'est très bien passé. C'était fatiguant, c'est sûr. Heureusement, j'ai bien écouté les conseils de mes parents et, chaque fois que j'étais trop fatiguée, je m'arrêtais et je me posais dans un endroit sûr. J'ai aussi toujours bien mangé pour refaire mes forces. Quand il pleuvait, je me mettais toujours à l'abri. »

Madame Merle se montra rassurée : ouf ! sa fille suivait à la lettre ses conseils et ses recommandations.

« En route, j'ai rencontré souvent de nouveaux oiseaux. Je ne me souviens pas de tous leurs noms, mais seulement de ceux qui m'ont le plus impressionnée : la paruline masquée, la bécassine des marais avec son long, long bec, le viréo mélodieux qui a bien ri quand je lui ai dit que je m'appelais Mélodie. Nous avons beaucoup parlé. Ils me demandaient d'où je venais, où je voulais aller, pourquoi je voyageais toute seule, ce que j'aimais le plus manger. Des fois, ils m'indiquaient où trouver ma nourriture. Ils étaient toujours gentils et ils ne me demandaient jamais pourquoi j'avais des feuilles à la place des plumes. Ils faisaient comme s'ils ne s'en apercevaient pas ou comme si ça n'avait aucune importance. De toute façon, moi, il y a longtemps que ça ne me fait plus rien et que j'ignore les moqueries dont j'étais l'objet à l'école.

J'ai vu aussi des paysages extraordinaires. Des fleuves tellement larges qu'il fallait quatre ou cinq heures pour les traverser. Des montagnes tellement hautes que j'ai dû faire de grands détours pour trouver des vallées et pour continuer mon voyage. J'ai vu aussi beaucoup de villages, beaucoup de villes parfois tellement grosses que j'avais peur de passer au-dessus d'elles. Jamais je n'aurais cru que les humains construisaient autant de maisons, de garages, de cabanons, d'immeubles d'habitation, de centres commerciaux, ou encore de tours tellement hautes qu'elles ont l'air de gratter le ciel sous les pieds pour le faire rire. »

Ana s'arrêta quelques secondes pour changer de page et pour sourire à la plaisanterie de Mélodie, qui avait toujours eu un petit côté pince-sans-rire.

« Mais le plus beau, je l'ai gardé pour la fin car ça a été la fin de mon voyage. J'ai rencontré un hibou très gentil lui aussi. Tellement gentil que je me suis amusée à l'appeler dans ma tête le chouette hibou. Il m'a dit qu'en volant pendant une journée dans la direction qu'il m'indiquait, je ferais une découverte qui me comblerait.

Et j'ai bien fait de l'écouter. Je suis arrivée dans une forêt où j'ai vu des arbres, beaucoup, beaucoup d'arbres extraordinaires. Des arbres, je vous jure que c'est vrai, qui avaient des plumes à la place des feuilles. Oui, oui : des plumes à la place des feuilles ! »

Ana, incrédule, stoppa tout net sa lecture. Les parents Merle, tout aussi incrédules, se tournèrent vers le Professeur. Qui semblait lui aussi abasourdi au premier abord, et qui se ressaisit vite, comme savent le faire très habilement tous les savants.

« Ce n'est pas impossible, exposa-t-il doctement. Depuis le voyage de Marco Polo, à la fin du XIIIe siècle, plusieurs explorateurs ont rapporté ce phénomène étonnant. Chaque fois, on a dit qu'ils inventaient n'importe quoi pour se rendre intéressants. Pourtant, d'autres navigateurs, d'autres voyageurs disaient eux aussi, de temps à autre, avoir vu des forêts d'arbres à plumes. On a donc fini par admettre que ça se pouvait. Et cette fois-ci, si Mélodie le dit, c'est forcément vrai ! »

Car il est bon de rappeler que tout, absolument tout est vrai dans l'histoire de l'oiseau à feuilles, Mélodie Merle, née le 11 mai à 11 h 11. Rien n'a été inventé, rien de rien. Et s'il existe bel et bien un oiseau à feuilles, cela prouve scientifiquement – et hors de tout doute – qu'il existe aussi des arbres à plumes, c'est de la simple logique.

« C'est logique, reprit Ana, pas de doute que c'est logique. » Elle recommença sa lecture.

« Des arbres à plumes, c'est tellement beau. C'est tellement plein de toutes les couleurs. C'est tellement doux pour se nicher. C'est tellement tout ! Je vais encore rester un peu avec eux, je suis si bien ici, mais après, je rentrerai. J'ai aussi hâte de vous voir. J'ai tellement de merveilleux souvenirs à vous raconter.

« Mélodie, qui vous aime et vous envoie tout plein de gros becs. »

Tous reçurent avec plaisir les baisers de la belle Mélodie. Cependant, la lettre n'était pas finie. Il y avait un P.-S.

« C'est quoi, un P.-S. ? demanda Ana.

— C'est un détail qu'on avait oublié de dire dans la lettre et auquel on repense avant de l'envoyer, expliqua la maman. Ça veut dire

« petite suite » ou quelque chose comme ça… Lis-nous la « petite suite » de Mélodie, Ana.

— Bon, je la lis.

« *P.-S. : Au fait, je voulais vous dire mon secret, comment j'ai retrouvé Jaune. Personne n'osait aller voir Monsieur Léautaud, parce que c'est un vieux bougon et, surtout, parce qu'il y a toujours une armée de chats chez lui et que les oiseaux ont toujours évité sa maison. Je me suis quand même dit qu'il devait bien savoir comment trouver un chat perdu, lui qui en avait tant sauvé. Alors, je suis allée le voir. Il m'a dit que j'étais bien effrontée de venir cogner à sa fenêtre, moi un petit oiseau de rien, avec tous les chats qui habitaient chez lui. C'est vrai que j'avais très peur. Je lui ai expliqué que Jaune était un bon vieux Rominamour, gentil comme tout et un peu malade, et que sa maladie l'empêchait de retrouver son chemin. J'ai parlé, parlé, j'ai supplié. Ça a duré une éternité. Plus ça allait, moins j'avais peur. Alors, Monsieur Léautaud m'a dit qu'il allait m'aider. Il a tout simplement ouvert sa porte pour laisser sortir le dernier chat perdu qu'il avait recueilli. Et c'était mon beau Jaune.* »

La révélation les sidéra : Mélodie avait eu le culot – et la bonne idée, quand même – d'aller chez Monsieur Léautaud, alors qu'il avait refusé de répondre au Professeur quand il lui avait téléphoné ! Et elle avait réussi !

Ce n'était pas tout. En tournant la feuille, Ana découvrit qu'il y avait une deuxième petite suite à la lettre.

« *P.-S. 2 : Vous voyez, il faut savoir s'y prendre avec les grandes personnes, même quand elles sont bougonnes comme Monsieur Léautaud. Quand on prend le temps de leur expliquer ce qu'on veut, elles finissent toujours (ou presque toujours) par nous écouter, surtout si nous savons deviner ce qu'elles aiment. Les grandes personnes, au fond, ce sont des enfants qui ont oublié qu'il ne faut pas trop grandir.* »

Ils restèrent tous quatre un moment silencieux. Savoir que Mélodie avait pu trouver son bonheur auprès de si surprenants amis, ses arbres à plumes, leur procurait à tous le plus grand des ravissements. Et apportait à Madame et Monsieur Merle un sentiment de réconfort : leur fille adorée porterait encore plus fièrement ses feuilles.

Le Professeur savourait les derniers mots de Mélodie. Garder en soi sa part d'enfance, c'est continuer de s'émerveiller, de vouloir découvrir, d'avoir toujours envie d'apprendre.

Ana était encore tout émue d'avoir eu des nouvelles de son amie. Elle replia sa lettre, la remit dans l'enveloppe et se promit de la relire le soir avant de s'endormir – c'est la vertu des vraies lettres, on peut les lire et les relire.

Tous attendaient maintenant avec impatience le retour de Mélodie. Pour qu'elle leur raconte les mille souvenirs de son merveilleux voyage, ses joies, ses émotions.

Et pour qu'un jour, peut-être, elle les amène tous dans son pays secret.

Des oiseaux à observer

Plus de 70 espèces d'oiseaux apparaissent, parfois dans un seul coup d'aile et non sans fantaisie, au fil des pages de *L'oiseau rare*. Parmi les plus fréquentes ou les plus belles, en voici 24, que l'on peut observer au Québec – avec cette fois les remarques des ornithologues.

1. Bruant familier
2. Canard colvert
3. Cardinal à poitrine rose
4. Cardinal rouge
5. Carouge à épaulettes
6. Chardonneret jaune
7. Colibri à gorge rubis
8. Fou de Bassan
9. Geai bleu
10. Grand-duc d'Amérique
11. Grand Héron
12. Harfang des neiges
13. Hirondelle rustique
14. Jaseur d'Amérique
15. Merle d'Amérique
16. Mésange à tête noire
17. Moineau domestique
18. Oie des neiges
19. Oriole de Baltimore
20. Passerin indigo
21. Pic flamboyant
22. Pluvier kildir
23. Roselin familier
24. Tourterelle triste

1

Bruant familier

Spizella passerina

Omniprésent en Amérique du Nord, du Pacifique à l'Atlantique et de l'Alaska au Mexique, il pourrait être confondu, au premier coup d'œil, avec le Moineau domestique. Mais sa jolie calotte rouille et le long trait noir qui part de son œil sont des caractéristiques qui ne trompent pas. Chez cette espèce, le mâle et la femelle sont identiques, ce qui n'est pas toujours le cas parmi les oiseaux. Le Bruant familier aime la compagnie des humains. Son nid, qu'il construit souvent dans un arbuste proche des maisons d'habitation, est fait d'herbes et de petites branches ; il en tapisse l'intérieur avec des poils, idéalement du crin de cheval ou, à défaut, des poils de chien. Les bruants – dont la nombreuse famille compte une vingtaine d'espèces au Québec – s'appelaient autrefois des pinsons, un nom fort joli que d'aucuns auraient encore parfois envie d'utiliser.

Observé le ______________________________

À ____________________________________

2 **Canard colvert**
Anas platyrhynchos

C'est le canard le plus abondant en Amérique du Nord et même sur la planète. Avec sa tête et son cou d'un vert lumineux, son délicat collier blanc, son bec jaune au petit bout noir, le mâle est d'une grande élégance. Il s'en sert avantageusement lors de la parade nuptiale très élaborée grâce à laquelle il séduit une femelle… qu'il abandonne toutefois avant même la naissance des canetons. Par bonheur, la femelle est une maman modèle : après avoir couvé seule ses œufs, elle élève ses rejetons, les conduit au plan d'eau le plus proche, les protège contre les intrus à grands cris et à forts battements d'ailes, et leur indique où trouver leur nourriture. Le Canard colvert s'hybride fréquemment avec son cousin le Canard noir (*Anas rubripes*), tellement que certains ornithologues craignent, à la longue, une assimilation du noir par le colvert.

Observé le ______________________________

À ______________________________

3 Cardinal à poitrine rose

Pheucticus ludovicianus

Avouez qu'il est splendide, avec son plumage noir et blanc, et sa tache tellement rose qu'elle en est presque rouge ! Le plus beau, c'est qu'il ne se contente pas d'être beau. Il vocalise merveilleusement bien – un ornithologue a dit du Cardinal à poitrine rose qu'il chante « comme un merle ayant suivi des leçons de chant ». Son bec énorme, avec lequel il casse des graines et parfois des insectes à carapace, explique qu'il se soit naguère appelé gros-bec. Contrairement à son cousin le Cardinal rouge, qui passe l'hiver sur place, le Cardinal à poitrine rose s'envole chaque automne vers le sud pour s'en aller vivre, pendant quelques mois, au Mexique, en Amérique centrale et même en Amérique du Sud.

Observé le ______________________________

À ______________________________

4

Cardinal rouge
Cardinalis cardinalis

Pas moyen de le manquer quand il passe devant votre fenêtre ou vient se nourrir à vos mangeoires, qu'il adore fréquenter été comme hiver ! Avec sa couleur flamboyante (chez le mâle, mais la femelle, plus discrète, est aussi très jolie), son gros bec rouge tranchant sur son masque noir, sa houppe rigolote, il est un des oiseaux les plus spectaculaires à observer. Habituellement monogames, les cardinaux forment des couples qui durent plusieurs années et qui peuvent réussir plusieurs couvées par été. Pendant la période des amours, le mâle séduit la femelle en lui apportant des graines qu'il lui offre bec à bec. Généralement sédentaire, le Cardinal rouge est abondant dans tout l'est du continent nord-américain, du sud du Canada jusqu'au Texas et même en Amérique centrale.

Observé le ______________________________

À ___________________________________

5 **Carouge à épaulettes**
Agelaius phoeniceus

Bec très pointu, chant criard, épaulettes rouge vif du mâle qui n'hésite pas à attaquer oiseaux et autres animaux plus gros que lui, le « petit caporal » défend avec une rare énergie son territoire – et la dizaine de femelles qu'il y abrite souvent. À l'occasion, il se nourrit sur le sol en sautillant vers l'arrière, une façon de faire appelée « double grattage ». Très répandu (même si l'on dit ses effectifs en diminution), le Carouge à épaulettes est facile à observer. Dès la fin de l'hiver et au début du printemps, il est l'un des premiers oiseaux migrateurs à revenir au Canada, le mâle précédant la femelle de quelques jours pour s'installer dans son territoire. À l'automne, il repart vers le sud en bandes très nombreuses, pour passer l'hiver aux États-Unis ou en Amérique centrale.

Observé le ______________________

À ______________________

6

Chardonneret jaune

Spinus tristis

Grand amateur de graines – dont les graines de tournesol et les graines de chardon, une plante qu'il affectionne et dont il a tiré son nom –, facile à attirer en bandes aux mangeoires, le Chardonneret jaune se remarque aisément. Le mâle, tôt en saison, prend ses couleurs de séduction : le jaune serin et le noir vif de son plumage sont immanquables. La femelle est d'un vert olive lui aussi fort seyant. Contrairement aux bruants, il ne se reproduit pas dès le printemps, mais plutôt vers la fin de l'été. C'est probablement parce qu'il profite alors d'une nourriture abondante. Sa ligne de vol bien particulière, par sauts ondulés, permet de le repérer de loin.

Observé le ______________________________

À ______________________________

7 **Colibri à gorge rubis**
Archilochus colubris

Il semble ne pas avoir d'ailes tellement il les bat rapidement – une bonne soixantaine de fois par seconde. Vite une fleur, vite une autre, quelques secondes de plus si la fleur regorge de nectar. Vol sur place, déplacements brusques vers l'avant ou vers l'arrière, il disparaît d'un coup dans une grande embardée. Décidément, le Colibri à gorge rubis a tout d'un hyperactif. Et tout, aussi, d'une merveille de la nature. Avec ses trois ou quatre grammes, il est le plus petit des oiseaux nicheurs du Québec et il mérite bien son surnom : oiseau-mouche. Pour soutenir sa frénétique activité, il doit absorber, chaque jour, la moitié de son poids en sucre. Et presque doubler son poids avant d'entreprendre, deux fois l'an, ses migrations de milliers de kilomètres, incluant la traversée du golfe du Mexique qu'il franchit d'une traite..

Observé le ______________________________

À ______________________________

8

Fou de Bassan
Morus bassanus

On les compte par dizaines de milliers au Québec et à Terre-Neuve, mais les fous se concentrent dans seulement six colonies, dont la plus importante se situe sur l'île Bonaventure, au large de Percé, en Gaspésie. Chaque couple y occupe un nid qu'il retrouve année après année, pour y élever un unique oisillon. Spectaculaire oiseau marin de près de deux mètres d'envergure, le Fou de Bassan est un redoutable pêcheur : il peut fondre en piqué sur le poisson, maquereau et hareng de préférence, à 100 km/h ! Ingurgitée, cette proie est redonnée au petit, qui la cueille dans le gosier du parent. Pour nourrir sa progéniture, le fou fait des voyages de pêche dans les environs de la colonie, mais parfois beaucoup plus loin… à des dizaines et même à des centaines de kilomètres de là.

Observé le ______________________________

À ______________________________

9

Geai bleu

Cyanocitta cristata

La première fois qu'on le voit, on n'en croit pas ses yeux. On imagine que c'est un oiseau inventé par un artiste fou de la couleur bleue. C'est peut-être vrai, car le Geai bleu est une véritable œuvre d'art. Et il semble bien le savoir, lui qui préfère les régions habitées et qui ne déteste pas se faire admirer, à la campagne comme dans les banlieues. L'été, quand il mue, il lui arrive de se livrer à une curieuse pratique appelée « formicage » : l'application dans son plumage de fourmis qu'il cache sous ses ailes. Il pourrait ainsi se débarrasser des parasites qui l'irritent ou, dit-on aussi, soulager les démangeaisons causées par la pousse des nouvelles plumes. S'il lui arrive de se nourrir d'œufs et même d'oisillons d'autres espèces, il mange surtout des végétaux et une variété de chenilles nuisibles, la Livrée des forêts.

Observé le ______________________________

À ______________________________

10 **Grand-duc d'Amérique**
Bubo virginianus

Plutôt sédentaire, ce grand hibou au regard jaune perçant est présent partout dans les Amériques, depuis la taïga, à l'extrême nord, jusqu'à la Terre de Feu, à l'extrême sud. Redoutable chasseur nocturne, il se nourrit de petits mammifères, d'oiseaux, de lapins, de lièvres. Il ne déteste pas les mouffettes, dont il ne semble pas percevoir la méchante odeur. S'il peut construire son propre nid, le Grand-duc d'Amérique s'arrange plutôt pour en trouver un tout fait, abandonné, dont il s'accommode même s'il est en mauvais état. Il y élève quelques rejetons qui dépendent de leurs parents jusqu'à la fin de l'été pour leur nourriture : on a beau être né rapace, savoir chasser ne s'apprend pas de la nuit au lendemain. Les jolies aigrettes qu'il porte sur la tête, et qui lui donnent un air si caractéristique, ne sont pas des oreilles, mais de simples touffes de plumes.

Observé le ______________________________

À ______________________________

11

Grand Héron
Ardea herodias

Splendide échassier à la silhouette filiforme, le Grand Héron se distingue par son élégant plumage – bleu-gris sur le dos, blanc sur le cou et le ventre – et par sa calotte blanche entourée d'une bande noire. Son vol, à grands et lents coups d'ailes, est tout aussi gracieux. Avec l'arme redoutable qu'est son long bec, il capture ses proies, petits poissons ou batraciens, d'un coup vif comme l'éclair. Il peut nicher en solitaire, sur des plates-formes de branches et de brindilles ; mais il le fait aussi en grandes colonies, les héronnières, qui regroupent parfois plusieurs centaines de nids. Largement présent au Canada, dans l'est et sur les côtes de la Colombie-Britannique, et presque partout aux États-Unis, ce héron souffre de la concurrence d'autres échassiers, comme le Bihoreau gris (*Nycticorax nycticorax*), et de la perte d'habitat causée par les activités humaines.

Observé le ______________________________

À ______________________________

12 **Harfang des neiges** ■
Bubo scandiacus

Superbe hibou du Nord, parfois presque entièrement blanc, face aplatie, yeux jaunes fixes dans leurs orbites (il doit tourner la tête pour regarder sur les côtés), le Harfang des neiges impressionne avec son mètre et demi d'envergure. Doté d'une épaisse couche de duvet, y compris sur les pattes, il peut se sentir au chaud à 50° sous zéro ! L'hiver, il délaisse quand même l'Extrême-Arctique pour aller trouver sa nourriture aussi loin que dans le sud du Canada et jusque dans le centre des États-Unis. Amateur de lièvres, il se régale surtout de petits rongeurs comme des lemmings. Avec sa vue perçante, il repère ses proies à un kilomètre ; grâce à son vol parfaitement silencieux, il s'en approche sans qu'elles se méfient. Son nom est d'origine suédoise, ce qui n'a pas empêché le Harfang des neiges d'être choisi pour être l'oiseau emblème officiel du Québec.

Observé le ______________________________

À ______________________________

13 **Hirondelle rustique**
Hirundo rustica

Son ancien nom, Hirondelle des granges, en dit long sur cet oiseau qui construit son nid de boue à même les bâtiments agricoles et les garages, ou encore sous les ponceaux et l'avancée des toits des maisons. Véritable acrobate des airs, l'Hirondelle rustique se nourrit d'insectes volants qu'elle gobe en plein vol – elle est votre meilleure alliée pour vous protéger des insectes piqueurs et des mouches ! Compagne de l'humain depuis des siècles, présente sur tous les continents sauf en Antarctique, elle n'en est pas moins une espèce menacée. Même si elle est encore répandue, ses effectifs ont diminué de près de 80 % au Canada depuis les années 1970. Les bâtiments et les pratiques agricoles modernes lui sont moins favorables, les populations d'insectes diminuent, les pesticides l'affectent. Il serait dommage que cette grande migratrice ne participe plus à la beauté de nos printemps.

Observé le ______________________

À ______________________

14

Jaseur d'Amérique

Bombycilla cedrorum

Avec sa huppe, son masque noir, son plumage gris-brun et crème, du jaune vif au bout de la queue et une tache rouge sur les ailes, le Jaseur d'Amérique est à nul autre pareil – si ce n'est à son cousin, le Jaseur boréal, qui lui ressemble, mais qui est bien plus rare sous nos latitudes. Frugivore, il se goinfre de fleurs de pommier au printemps. En automne, il s'enivre en se gavant de petits fruits si mûrs qu'ils ont fermenté. Monogame, le jaseur séduit sa partenaire en lui offrant des fruits de bec à bec. Son nom latin évoque bien l'aspect soyeux de son plumage : le mot *bombycilla* est dérivé du nom du papillon, le Bombyx du mûrier, dont la chenille est le ver à soie ; quant au mot *cedrorum*, il rappelle que le Jaseur d'Amérique s'appelait autrefois Jaseur des cèdres.

Observé le ______________________

À ______________________

15 **Merle d'Amérique**
Turdus migratorius

Qui n'a jamais vu un Merle d'Amérique chercher dans la pelouse, avec une gourmandise énergique, les vers de terre dont il raffole? Ou encore, se gonfler l'œsophage de petits fruits qu'il adore également? Parfois appelé rouge-gorge (parce que les premiers colons jugeaient qu'il ressemblait au rouge-gorge d'Europe), ce bel oiseau à la poitrine couleur brique est l'un des plus répandus de tous les oiseaux présents dans nos régions – en fait, on le trouve partout en Amérique du Nord, du Canada arctique au Mexique, de l'Atlantique au Pacifique. Le Merle d'Amérique est qualifié, dans son nom savant, de *migratorius*; pourtant, quand la nourriture est abondante, il peut parfaitement passer tout l'hiver dans le sud du Canada. Il est aussi l'un des chanteurs les plus mélodieux qu'on puisse entendre, depuis tôt le matin jusque tard le soir.

Observé le ______________________________

À ______________________________

16 **Mésange à tête noire** ■

Poecile atricapillus

Avec sa calotte noire descendant jusque sur la nuque, sa large tache noire sur la gorge, ses joues et son ventre d'un blanc pur, la Mésange à tête noire est facilement identifiable. Et c'est l'une des espèces les plus nombreuses en Amérique du Nord : on la trouve en abondance d'un océan à l'autre, dans le sud du Canada et au nord des États-Unis. Ces jolis passereaux vivent en petits groupes dans lesquels ils établissent entre eux une hiérarchie de dominant à dominé. Réunies en couples dès la fin de l'hiver, les mésanges creusent leur nid dans un arbre mort et en protègent énergiquement les abords. Friandes d'insectes, notamment d'insectes nuisibles dont elles constituent un excellent agent de contrôle, elles passent un temps fou à chercher leur nourriture et, éventuellement, à en faire des provisions en vue des temps froids.

Observé le ____________________

À ____________________

17 **Moineau domestique**

Passer domesticus

À force de le croiser partout dans nos villes et nos campagnes, on ne le regarde plus. On le voit si souvent picorer les graines ou les miettes de pain lancées par les passants, qu'on ne s'étonne même plus de sa familiarité avec les humains. Pourtant, le Moineau domestique n'est pas si banal : il est un champion de la mondialisation ! Originaire du Moyen-Orient, il s'est répandu en Europe et en Asie en suivant l'expansion de l'agriculture. Puis il s'est adapté aux quatre coins de la planète, souvent après avoir été introduit volontairement par l'homme : les 50 couples importés d'Angleterre vers 1852 et lâchés dans Central Park, à New York, sont à l'origine d'une bonne partie de tous les moineaux, aujourd'hui si abondants, d'Amérique du Nord et d'Amérique centrale.

Observé le ____________________

À ____________________

18

Oie des neiges

Anser caerulescens

Deux fois par an, l'Oie des neiges nous offre le fascinant spectacle de sa migration : au printemps, elle est en route vers le Haut-Arctique, où elle va se reproduire ; en automne, elle retourne vers la côte est des États-Unis, où elle passe l'hiver. Deux fois par an, elle parcourt donc quelque 4 000 km. Elle peut parfois en couvrir 1 000 sans se poser ! À l'aller comme au retour, elle fait escale pendant plusieurs jours dans la vallée du Saint-Laurent, pour restaurer ses forces avant de poursuivre son chemin. Ce sont alors des centaines de milliers d'oies qui se posent, mangent, s'envolent et se reposent dans un assourdissant concert qui évoque des aboiements. Cet oiseau emblématique est un incroyable succès des initiatives de conservation : il ne restait que 3 000 individus de l'espèce au début du XXe siècle, il y en a plus de 800 000 aujourd'hui.

Observé le ______________________________

À ______________________________

19

Oriole de Baltimore

Icterus galbula

Tête, ailes et dos noirs, ventre d'un orange éclatant, l'oriole mâle est une véritable beauté ailée – la femelle, dessus brun et dessous ambre jaune, ne manque pas non plus de charme. C'est elle qui construit le nid, une sorte de grosse bourse suspendue à une branche ; c'est lui qui la protège pendant la couvaison. Une fois sortis de l'œuf, les petits sont nourris par les deux parents. L'Oriole de Baltimore est à la fois frugivore (on l'attire aux mangeoires avec une tranche d'orange) et insectivore (il se régale, entre autres, de chenilles d'insectes nuisibles, dont la Livrée des forêts et la Chenille à tente estivale). S'il passe la belle saison dans le nord-est des États-Unis et le sud du Canada, l'oriole s'envole vers des climats plus cléments en hiver, au Mexique, en Amérique centrale et même en Amérique du Sud.

Observé le ______________________________

À ______________________________

20

Passerin indigo

Passerina cyanea

La couleur bleu indigo – puissante, profonde, tirant parfois sur le violet – a été employée, de tout temps et dans de nombreuses civilisations, pour la teinture comme pour la peinture. Mais sa plus belle « utilisation », c'est la nature qui l'a réalisée en créant le Passerin indigo. Seul le mâle prend cette somptueuse couleur, et seulement pendant la saison des amours. Le reste du temps, il est plutôt brunâtre, tout en conservant des touches de bleu. Migrateur, il passe l'été en Amérique du Nord, des Prairies à l'Atlantique, au sud du Canada et aux États-Unis ; l'hiver, il préfère l'Amérique centrale et les Antilles. Si vous avez la chance de voir ce bijou d'oiseau, gravez son image dans votre mémoire : le Passerin indigo est indiscutablement l'une des fabuleuses merveilles du monde ailé.

Observé le ______________________________

À ______________________________________

21 **Pic flamboyant**

Colaptes auratus

Comme il mérite d'être dit « flamboyant » ! Corps blanc tacheté de noir, croissant noir sur la gorge (et moustache noire pour le mâle), tache rouge vif derrière la tête, dessous des ailes et de la queue d'un jaune éclatant, le Pic flamboyant est spectaculaire ! On peut observer, dans l'est du Canada, plusieurs autres espèces de pics fort jolies : le Pic à ventre roux (dos rayé noir et blanc, nuque rouge), le Pic à tête rouge (très facile à reconnaître, mais peu commun), le Pic maculé, le Pic chevelu, le Pic mineur (le plus commun) et le Pic à dos noir (le seul qui n'a pas de rouge, mais du jaune sur la tête). Les pics s'agrippent aux arbres, les tambourinent de leur bec pour communiquer avec leurs congénères, pour en extraire de petits insectes ou pour y creuser leur nid.

Observé le ______________________________

À ______________________________

22 **Pluvier kildir** ■
Charadrius vociferus

Oiseau de rivage pouvant vivre loin des plans d'eau, doté de pattes d'échassier et d'un plumage de toute beauté, le Pluvier kildir ne peut être confondu avec aucun autre oiseau. Il pond et couve au sol, sur des prairies ou des terrains dégagés, ce qui le rend vulnérable. Mais ces espaces à découvert lui permettent de voir arriver d'éventuels prédateurs. C'est avec une danse étonnante de ruse qu'il les écarte de son nid : il court ou s'envole de quelques mètres, puis fait mine d'être blessé en poussant des cris plaintifs et en tombant sur le côté comme s'il avait l'aile cassée ; attiré, le prédateur s'en approche, mais au dernier moment, l'oiseau s'envole et répète le même stratagème quelques mètres plus loin… jusqu'à ce que le prédateur se soit vraiment éloigné du nid. Le pluvier a gagné. Son aile « cassée » est subitement guérie. Son nid est sauf !

Observé le ______________________________

À ______________________________

23

Roselin familier

Haemorhous mexicanus

Bien sûr qu'il est «familier»: c'est un des plus fidèles visiteurs de nos mangeoires! Comme le rappelle son nom savant, ce roselin est originaire du Mexique, mais il s'est très bien acclimaté au nord des États-Unis et au sud du Canada après son introduction dans l'État de New York, il y a trois quarts de siècle. Avec sa calotte, sa poitrine et son bas du dos vivement colorés, le mâle est facile à repérer; la femelle, brune et le ventre rayé, se remarque aussi aisément. Mais attention: on peut confondre le Roselin familier avec son cousin, le Roselin pourpré, encore plus largement répandu au Québec et tout aussi... familier. Une infection causée par un mycoplasme, un genre de bactérie, touche malheureusement ce passereau depuis quelques années: il est donc recommandé de désinfecter régulièrement les mangeoires.

Observé le ______________________________

À ___________________________________

24

Tourterelle triste

Zenaida macroura

C'est vrai qu'il sonne triste, son roucoulement qu'on peut aussi appeler sa roucoulade. Mais comme ces mots signifient aussi paroles douces, tendres, langoureuses, amoureuses, on comprend que la tourterelle n'est pas condamnée à être uniquement triste. Présente dans presque toute l'Amérique du Nord, elle aime la compagnie des humains et ne déteste pas fréquenter les mangeoires. Elle est un des rares oiseaux qui peut boire par succion plutôt qu'en relevant la tête à chaque gorgée. Et ses petits, elle commence par les nourrir avec un liquide blanc et visqueux produit par des glandes proches de son œsophage et riche en nutriments, le « lait de pigeon » – ce que font aussi bien la mère que le père. Ombre au tableau, la Tourterelle triste est l'un des oiseaux les plus chassés aux États-Unis (au Québec, cette chasse n'est autorisée que depuis 2016).

Observé le ______________________________

À ______________________________

Merci à Michel Préville, rédacteur en chef de *QuébecOiseaux*, pour ses remarques sur les vignettes ornithologiques – dont l'auteur garde toutefois l'entière responsabilité.

Crédits photographiques

1. Bruant familier : Mdf, via Wikimedia Commons
2. Canard colvert : Mykola Swarnyk, via Wikimedia Commons
3. Cardinal à poitrine rose : Mike's Birds, via Wikimedia Commons
4. Cardinal rouge : The Cosmonaut, via Wikimedia Commons
5. Carouge à épaulettes : Walter Siegmund, via Wikimedia Commons
6. Chardonneret jaune : Mdf, via Wikimedia Commons
7. Colibri à gorge rubis : jeffreyw, via Wikimedia Commons
8. Fou de Bassan : Andreas Trepte, via Wikimedia Commons
9. Geai bleu : Rob Hanson from Welland, Ontario, Canada, via Wikimedia Commons
10. Grand-duc d'Amérique : Cephas, via Wikimedia Commons
11. Grand Héron : © Frank Schulenburg
12. Harfang des neiges : Mark Nenadov, via Wikimedia Commons
13. Hirondelle rustique : Vanni Lazzari, via Wikimedia Commons
14. Jaseur d'Amérique : Ron Knight from Seaford, East Sussex, United Kingdom, via Wikimedia Commons
15. Merle d'Amérique : Dori, via Wikimedia Commons
16. Mésange à tête noire : Cephas, via Wikimedia Commons
17. Moineau domestique : Mathias Appel, via Wikimedia Commons
18. Oie des neiges : Rhododendrites, via Wikimedia Commons
19. Oriole de Baltimore : Laura Gooch, via Wikimedia Commons
20. Passerin indigo : Gareth Rasberry, via Wikimedia Commons
21. Pic flamboyant : dfaulder, via Wikimedia Commons
22. Pluvier kildir : hart_curt, via Wikimedia Commons
23. Roselin familier : Judy Gallagher, via Wikimedia Commons
24. Tourterelle triste : Mykola Swarnyk, via Wikimedia Commons

Suivez-nous

Achevé d'imprimer en avril 2021
sur les presses de Transcontinental Interglobe
Beauceville, Québec

Imprimé sur du papier recyclé de fabrication québécoise.